ふたつの世界の間で

あの世からのレッスン

タイラー・ヘンリー 著
采尾英理 訳

ナチュラルスピリット

BETWEEN TWO WORLDS
by Tyler Henry

Japanese translation published by arrangement
with Tyler Henry Enterprises Inc.
c/o United Talent Agency, LLC
through The English Agency (Japan) Ltd.

まえがき

　死後の世界との交流にまつわる体験を進んで語ろうとする人が、かつてないほどに増えてきています。生命は死んだ後も存続するのか、という疑問はテレビや映画を通して大衆文化を魅了してきましたが、それはこの疑問が目新しいからではなく、人々が新しい答えに心を開きつつあるからです。

　僕の冠番組『ハリウッド・ミディアム』の制作が決まったという連絡を受けた時、僕は自分に降りてくる答えがどんなものであっても、それを掘り下げ、誠実に世界に伝えることを目的にしようと心に決めました。その使命は今も変わらず、僕自身の疑問も日に日に増しています。霊媒能力《ミディアムシップ》や心霊現象《サイキック》に関する意見はさまざまですが、僕の目指すところは、実体験を通して得た独自の真相をわかりやすく伝えていくことにあります。

何が自分の心に響くのかを、人は自分で判断すべきだと僕は強く思っています。本書では、あの世とのコミュニケーションを通して学んだことをお伝えしますが、読者の皆さんはそこからご自身が共感する部分を受け取ってください。死後の世界では、物事は白黒はっきりしていません。僕は白と黒の間のそのグレーゾーンを考慮しつつ、これまでに千回以上行ってきたリーディング〔訳注／霊感を通してエネルギー的な情報を読み取ること〕で目にしてきた、より一貫性のあるダイナミクスを説明していきます。あの世の法則には数多くの例外がありますが、それこそがあの世の美しさです。あの世は人間の理解を遥かに超えるほど複雑で、微妙な意味合いを持つ世界です。僕が決して答えを知りえないであろう大きな疑問もいくつかありますが、それでも小さな答えの一つひとつがより大きな疑問、つまり「人は、死んだらどうなるのか」といった疑問に対する理解を助けてくれるでしょう。

僕は死者に話しかけます。さらに興味深いことに、死者から返答があります。彼らはおもに、あの世から心的印象〔訳注／頭に浮かぶイメージやシンボルのこと〕や感覚を送ることで返答してきます。僕のリーディングはすべて、事実検証――僕がリーディングで受け取った情報が正確かどうか、そして交信相手の霊魂《スピリット》しか知りえないものかどうかをクライアントに確認すること——を中心に展開していきますが、その事実検証を通して、クライアントは愛する故人の魂が今も存続していること、心穏やかでいることを知り、言い残したことや、あの世への移行プロセスで悟ったことをこちら側に伝達することができるのだと理解します。

僕が仕事を通じて学んだのは、人生において多様性は贈りものだということです。本書に惹かれる読者も多種多様で、それぞれが異なる背景や信念体系を持っていることでしょう。本書のテーマに対する親近感のレベルもさまざまなはずです。本書では僕のスピリチュアルな信念をお伝えしますが、読者の皆さんにとって僕の信念よりも大切なのは、スピリットが交信してくる時に何が起こっているのか、そのプロセスを正確に理解することだと思います。ですから、僕はそこで体験していることの詳細に焦点を当てます。読者の皆さんは、僕の説明がご自身の信念体系にどうフィットするか、自分で結論を導いてください。個人差はあるにせよ、他者が癒やされることや「愛は永遠である」という考えは誰にとってもプラスになる、という点に異論はないでしょう。僕の仕事、そして他にも数多くいる本物の霊能者《ミディアム》の仕事が目指しているのは、そうした普遍的真理を裏付けることです。

僕は自分の能力が天からの恵みであって、自分の手柄にできるものではないと理解しています。僕は情報を降ろすためのパイプ、喜んで耳を傾ける人たちにその情報を届けるためのパイプにすぎません。それに、程度の差はあれ、これは誰もが備えている生まれつきの能力でもあります。練習を重ねることによって一貫性が生まれ、直観を磨いて信頼すればするほど、その直観に助けられる度合いと精度も増していきます。これまでに数え切れないほどのリーディングを行ってきましたが、僕は今も「自分のやり方に固執しない」ことを毎日自分に言い聞かせ、メッセージを伝達するための濁りのないパイプであろうとしています。

自分の能力について学び始めた頃、僕は毎日何冊もの本を読み、なぜ自分はこうも人と違うのかを理解すべくインターネットで資料や情報を調べながら、書店や図書館で膨大な時間を過ごしました。自分だけがまったく別の世界を経験していることに、しみじみ疎外感をおぼえていたのです。まるで片足をこちらの世界に置きながら、もう片方の足を次の世界に置いているような感覚です。僕は自分がどちらの世界のことも理解していなくて、どちらの世界からも理解されていない気がしていました。子どもがこの世という次元で生きるすべを学ぶだけでも充分大変なのに、そこにまた別の次元が加わるのですから、生やさしいことではありません。僕は両方の世界の間にいて、ふたつの次元の中間でメッセージを運ぶ媒介《ミディアム》だったのです。

僕はこの人生を通して、ふたつの見方で世界を理解するようになりました。ある意味で僕は、大人の階段をのぼりながら独り立ちすることを学んでいる（そして恥ずかしながら、食洗機の使い方もままならない）、普通の二十歳の若者となんら変わりありません。しかし、大半の人が見ている僕の一面は「ミディアムのタイラー・ヘンリー」であり、テレビで有名人の愛する故人たちと交信する、マコーレー・カルキンのそっくりさんです。

亡くなった人たちから視覚的、感覚的、心的に印象を受け取るというのがどういうことなのか、ほとんどの人はピンとこないでしょう。けれども、故人からのメッセージがそれを一番必要としている人たちに与えるインパクトがどれだけ大きいかは、誰もが理解できると思います。エドナおばさんのピンク色のファジーダイス、大好きだったおばあちゃんがよく言っていた内輪のジョーク……僕が伝達しようとするのは、そうしたメッセージなのです。たとえそれが、僕個人からすれば脈絡のないメッセージに思えたとしても。

クライアントのリーディングを行う時、僕はあの世と繋がるプロセスを、ちょっとした謎解きのように考えています。リーディングでは僕がスピリット（たち）から印象を受け取り、そのメッセージがどんな意味を持つのか、どこに繋がっているのかをクライアントと一緒に突きとめていきます。リーディングの半分は情報を受け取ることで、もう半分はそれを紐解いていくことなのです。

リーディングを続けてきたこの数年を通して、僕はメッセージの事実検証によって得られる癒やしを数え切れないほどの形で目の当たりにしてきました。愛する故人に対して気持ちの整理ができた、自分の勘が正しかったと証明できた、罪悪感から解放された……それがどんな形の癒やしであれ、僕は人生を一変させる影響を毎回の交信で見てきました。あの世と交信する時は毎回、僕とそのクライアントの愛する故人が繋がっていることが、クライアントに疑いの余地がないほど明確に伝わることを目指しています。事実検証は、たとえば故人の人柄や言葉遣い、家族のしきたり、内輪の事情などを描写して進めていきますが、時には故人の特徴的な仕草などを挙げることもあります。些細であってもその人ならではの特徴一つひとつがその人となりを伝えるものですが、それはあの世の人たちについても同じです。

自分の人生で何が真に大切だったのかを理解できるようになった魂から、毎日のように新しい体験や物語がもたらされます。彼らのメッセージは、人がそれぞれの人生で何を大切にすべきかを教えてくれます。何よりも僕は、あの世への移行が大局的な視点を与えるということを学びました。皮肉なことに、人生について誰よりも教えてくれるのは死者たちなのです。

本書では他に類を見ない物語をお伝えしたい——ごまかしのない、地に足のついた物語を、誰もが理解できる言葉でお伝えしたいと願っています。よく訊かれる質問についても答えていきますが、それに加えて、僕の人生経験のあらゆる領域を掘り下げるとともに、僕が出会った死者を含む人々それぞれの物語を深く考察していきたいと思います。

ふたつの世界の間で——あの世からのレッスン

★

目次

1

はじまり

★

僕は叫んでいました。「ママ、おばあちゃんにお別れを言わなくちゃ！」。自分の言葉に驚いた僕は一瞬口をつぐみ、また続けました。「すぐに行かないと。おばあちゃんが今晩死んでしまう」

転がるようにキッチンに駆けこみ、僕は母のそばに立ちました。いてもたってもいられないほどの焦燥感です。僕は、大好きな祖母が死にかけているという確信とともに目を覚ましたばかりでした。それは過去の記憶のように感じられましたが、まだ起こっていないことでした。母が何も言わずに携帯電話と財布をつかんで玄関に向かい、僕はそのあとを追いました。時間がスローモーションで流れていくようです。喪失感が波のように襲いかかり、僕を通過していくように感じました。絶対に祖母に別れを告げる必要があるとわかっていました。それに、あまり時間がないことも。

二人で車に急いでいると、母の携帯電話が鳴りました。どこかで経験したような感覚がまとわりついてきます。説明のつかない確信として芽生えたものが、僕の目の前で現実になろうとしていました。母が電話に出ると、つい先ほど祖母が息を引き取ったという知らせでした。

僕は十歳にして、「知っている」としか説明しようのない感覚を初めて経験したわけです。その感覚は単なる勘とは違いました。どこから来たのかはわかりませんでしたが、揺るぎのない確信でした。その日以来その奇妙な感覚は、僕が理解するようになった、生と死に関するあらゆる見方を変えることになりました。それまで予知や直観というものを一度も教わったことがなかった僕は、その出来事にとても混乱しました。なぜ僕は知りようがない情報を知って、それを伝えるべきだという切迫感をおぼえて目を覚ましたのだろう？　それは、経験したことのない目覚め方でした。

結果として祖母の死は、当時誰も想像できなかったレベルで僕の人生に影響を与えることになりました。家族が悲嘆に暮れている一方で、僕はその夜に経験した奇妙な感覚を忘れられずにいました。周囲の人たちは泣いていましたが、僕は彼らと同じように感じることができません。ほんの一瞬前だったとはいえ祖母のあの世への移行を事前に知った、という経験はどういうわけか、祖母の死に対する僕の受けとめ方をまるっきり変えてしまいました。未来に起こることを過去に起こったことのように経験したために、その結末を回避することはできなかったと、深いレベルで理解したのです。気づけば僕は、慰めてもらうよりも、自分のほうが両親を慰めていました。

母は僕が感じた予兆のことを父に話しませんでしたが、それは意外ではありませんでした。僕自身がその経験をほとんど理解していなかったのですから、両親はなおさら理解に苦しんだことでしょう。意外だったのは、何度も脳裏をよぎったあるひとつの記憶です。それは、母が迷わず僕の警告を聞き入れ、すぐに家を出ようとした記憶です。母自身にも「知っている」という感覚があった、つまり、僕の言っていることが本当だとわかっていたのでしょうか？

翌日の夜、僕はベッドに横たわって目を閉じ、つらい二十四時間を過ごした心を落ち着けようとしていました。そうしてうとうとしかけた頃、部屋に甘い香りが漂っていることに気づきました。まぎれもなく馴染みのある香りです。僕は半分目覚めた状態で、それが自分の幼い頃に祖母がつけていた花の香水と同じ香りだと気づきました。

僕は横たわったまま、祖母と過ごした幸福な時間や、その香りがいかに印象深いものだったかを思い起こしていました。僕はぎゅっと目を閉じました。目を開ければ、祖母との大切な繋がりが消えてしまうと思ったからです。夢の世界に落ちかけているのを感じました。

ところが突然、僕は鋭敏な感覚にハッと起こされました。部屋に誰かがいる。目が暗闇に慣れてくると、光が出現しました。外から漏れてくる車のヘッドライトだろうか？　僕は目をこすりました。ベッドの足元に人影があります。それは高齢だった祖母の、かなり若い頃の姿に視えました。今思い返しても、その出来事に動じていない十歳の自分に感嘆する思いです。死んだ祖母が、笑顔で金色の光に包まれてベッドの足元に立っていました。僕が記憶していた祖母よりも四十歳ほど若く視えましたが、間違えようのない祖母の本質がそこにはありました。

僕は祖母の輝きに陶然としました。亡くなる前、何か月も癌と闘っていた祖母は髪がすっかり抜け、ベッドから出ることもできませんでした。ところが、そこにいる祖母は美しくふわりとカールしたブロンドの髪で、頬は若々しく赤みがさし、優しげな目をしています。僕は、祖母が自分で思い描く姿を視ていたのです。目の前の出来事を把握する間もなく、僕の思考は、前から知っている声に遮られました。

「あまり遺《のこ》っていないだろうけど、茶色い箱に入ったネックレスはあなたのものよ」

と祖母が言いました。「ただの物だけどね。また会いましょう」

僕は呆然として見つめました。祖母は平然として、生前と同じくらい穏やかな様子です。そして耳に馴染んだ、あの優しくて心なぐさむ声音。周囲の光が広がり、祖母が近寄ってきました。僕は祖母の温かい抱擁を感じ、言葉をともなわないメッセージを受け取りました。祖母の僕への愛情は、死そのものを超越していました。

僕は祖母の人生のたった十年分しか知りませんでしたが、祖母の存在感は一生分の思い出を伝えてきているように思いました。この経験は、今日までずっと大事にしている僕の宝物です。この経験によって、祖母の死に対する気持ちの整理がついただけでなく、大局的な視点を得られたのです。僕はかつてない視点で祖母を視ていました。祖母の訪問はほんの短い時間でしたが、そのそばにいるだけで鮮やかな閃きがいくつも浮かんできました。その時まで、僕は言葉を使わずにメッセージが伝わるということを知りませんでした。メッセージは映像で降りてきましたが、最初はそこにほとんど私的な意味合いはなく、たとえば木箱に入った金色のネックレスが色鮮やかなてんとう虫に姿を変え、次に赤いバラになって蕾が開く、といった具合でした。僕にはこうしたイメージを操作することも、理解することもできません。それらは新しい記憶のような鮮やかさで脳裏に浮かんできたのです。

祖母の訪問はあっという間に終わってしまったという印象でした。僕はがらんとした部屋をまざまざと体感しました――非現実的な瞬間に部屋に漂っていた、再会による温かい気持ちが急に途絶えたのです。祖母のいた数分間は、まるで永遠そのものの中に運びこまれたかのように、時間を超越した感覚でした。それが突然終わり、僕に大きな喜びを与えてくれたあの光とは対照的な、暗闇がくっきりと感じられます。それは奇妙にも、祖母を再び亡くしたように思える瞬間でした。

その後何年も経ってから知ったことですが、あの世に移行してもすぐには遺族のもとを訪ねない人もいるようです。訪問を終えた時に、心の準備ができていない相手に二度目の喪失感を味わってほしくないという理由からです。つまるところ、亡くなった人たちは遺族が悲嘆プロセスのどの段階にいて、故人からのサインを受け取る心の準備がどの程度できているかを知っているのでしょう。一方で、死者は幕を引くための魂のプロセスの一環として、自分自身の気持ちの整理をつけるために愛する人へメッセージを伝達することもあります。

あの夜、僕はベッドに横たわったまま、起こったばかりの出来事を理解しようとしていました。そして、祖母の訪問のことを両親に話すべきか迷っていました。両親がどう反応するか見当もつかなかったし、こうした微妙な時期には慎重になるべきだと思ったのです。祖母は、目が覚めている状態で見ている夢の中で訪ねてきました。それが本物の交流だったことは疑いようがありません。あれは僕の、最初のスピリチュアルな目覚めでした——文字どおりの意味でも目を覚ましたわけですが。僕は初めて失った愛する人との明白な繋がりを経験できたこと、気持ちの整理ができたことを感謝しました。とはいえ祖母の訪問は、答えよりも遥かに多くの疑問を残していきました。

魂が死後にコミュニケーションできるということについて、それまで家族と話し合ったことはありませんでした。ですから、僕が祖母と交流したことを両親が癒やしと感じるのか、憂慮すべきと感じるのかわかりませんでした。僕が祖母の死を予知したことを踏まえると、なおさら想像がつきません。両親は教会に通っていましたし、親族も信心深い人たちで、堅固な信念体系を持っていました。僕は自分の体験を彼らの枠組みに当てはめようと努力しました。でも、疑問が残ります。死後には天国と地獄しかないのだとすれば、なぜ亡くなったばかりの祖母が僕の部屋にいたのだろう？

当時の僕は、自分が視たヴィジョンを胸に秘めておくほうが安全だという結論に至りました。そして、自分で答えを探すことにしました。不思議でならなかったのは、祖母が伝えてきたメッセージのうち、なぜネックレスが強調されたのかということです。僕はそんなネックレスが存在することすら知らず、ほとんど意味をなさないメッセージのなかでどうしてそれが強調されたのか、謎だったのです。僕と祖母は十年分に相当する思い出を共有していたのに、祖母はそのひとつにも触れませんでした。その代わりに祖母は、物質的な「物」にこだわるなと強調しました。引っかかったのはそこです——まだ十歳で特に感傷的でもなかった僕には、祖母の形見を何か持っておきたいという思いはなく、ましてや物にこだわる気持ちなど皆無だったからです。

この出来事は、その後の長年にわたるリーディングがどういうものになるかを予兆していました。つまり、メッセージは降りてきてもその意味はよくわからない、ということです。そして僕は、パイプでいるために意味の理解などは必要ないということを、繰り返し教わることになりました。自分が直観的に受け取っているものは事実に基づいていると信頼すること——内容をあれこれ分析せずにただ信頼することが、メッセージの信憑性を問ううえで必要な最初のステップだったのです。

その後の数日間、家族は祖母の葬儀の準備をしていました。教会で参列者が会衆席を埋めるなか、僕はそこにいる必要を感じていませんでした。ほんの数日前、僕はこれ以上は望めないほど深く、気持ちの整理をつけていたからです。僕はその経験が何を意味するのかを完全には理解していませんでしたが、それが現実の経験だったかどうかを疑問視することは決してありませんでした。葬儀の間、僕は知らない人たちが祖母に心からの追悼の意を述べるのを観察していました。参列者が順番に壇上にあがるのを見ながら、僕は自分の親友であり、擁護者であり、最も近しい人物でもあった祖母が、その生涯で出会った人たちの人生をいかに変えたのかを知りました。彼らの目は言葉では伝えきれない喪失感を物語っていました。それでも、彼らはそれを言葉にしようとしていました。その一方で、祖母のスピリットはどこにもいませんでした。僕はその瞬間、葬儀というものは遺族のためにあるのだと理解しました。

一同は墓地に向かい、従姉妹が僕の隣に座りました。すると、彼女の指にてんとう虫がとまり、式の間ずっとそこで休んでいました。彼女が振り払っても、それは彼女の手にしつこく舞い戻り、次に僕の手に飛んできました。笑ってしまうくらいのしつこさです。僕たちは壇上の牧師よりも、そのまとわりつく虫のほうに気を取られていました。式が終わる頃には、おばが気もそぞろになっている僕たちに気づいていました。おばは、てんとう虫は祖母からのサインかもしれないと言いました。その言葉を聞いた途端、背筋に寒気が走りました。この感覚こそ、メッセージの正確性が実証された時に僕が今でも経験するものです。葬儀が終わると、何十ものバラの花が祖母の棺の前に並べられました。僕はまた寒気をおぼえました。僕が受け取った三つのヴィジョンのうち、ほんの数分の間に二つが関連性をもって出現したのです。祖母からの他のメッセージにはどういう意味があったのだろう？　世にも奇妙なパズルのピースのようなそれらのメッセージは、いったいどうはまっていくのだろう？

数日が過ぎ、祖母の家に行く日がきました。親族間で祖母の形見分けをすることになっていたのです。祖母は裕福ではありませんでしたが、物を大切にし、孫たちに惜しみなく与えてくれる人でした。僕は初めて歩くことを覚えた馴染みのポーチの階段に向かいながら、祖母と一緒に過ごした夏のことを思いだしていました。よくみんなでポーチに座ってボードゲームをしたり、夕暮れの散歩に出かけたりしたものです。祖母が他界してから親族がその家に集まるのは初めてでした。僕たちは懐かしい思いを抑えられませんでしたが、その思いはすぐに消えました。正面玄関の扉を開けると、祖母の遺品がほとんど失くなっていたのです。

後日判明したのですが、遠縁の親戚の一人とその妻が、手当たり次第に祖母の遺品を持ち去ってしまったのでした。金銭的な値打ちのあるものだけでなく、お金では買えない価値を持つ、安価で思い出深いものまで奪われたことを知り、親族全員が精神的に打ちのめされました。そして、悲しみや嘆き、怒り、悔しさの入り混じった気持ちで、祖母の思い出になるようなものが何か残っていないか探しました。当たり前のように身近にあった写真が、急に手放しがたいものになりました。僕たちは、絶望のオーラでいっぱいになった家の中を最後に歩きまわりました。そうして掃除を終えた時、別の部屋にいた従姉妹が、ベッドの下から木製の宝石箱を見つけたと言いました。僕はその部屋に駆けつけ、箱を開けました。その中にはひとつだけ宝石が――金色のペンダントがついたチェーンのネックレスが入っていました。

僕は祖母が自分にくれるつもりだったネックレスを手に取り、胸がいっぱいになりました。祖母が僕に伝えてきたイメージが次々と脳裏をよぎります。祖母が言わんとしていたことが明確に理解できました。赤いバラの花は「自分が愛されていたことを知っている」と、祖母なりの方法で知らせるためのサインでした。なぜならその何十本ものバラは、祖母を知り、大切に思っていた人々から捧げられたものだったからです。てんとう虫は、祖母がいつも僕たちと一緒にいることを知らせるためのサインです。最も深遠だったのは、一部の親戚が、悲しみを分かちあうために親族で集まるよりも、自分の欲得で祖母の遺品を奪っていくであろうことを祖母が事前に知っていたことです。祖母はそれを示すことで、生きている者の残念な行為があの世にいる彼女の安らぎを乱すものではないことを伝え、僕たちを安心させてくれたのです。

僕はその瞬間、シンボルやその内容は、見た目以上に意味深長なメッセージを伝えるのだと理解しました。何よりも、祖母にお別れを言わなければという僕の切迫した絶望感――多くの人が喪失に直面した時におぼえるであろうその感情――は不要だったとわかりました。というのは、死ぬことイコール別れを告げるべきことではないからです。

祖母の他界後の数年間で、僕の人生は大きく変わりました。周囲の世界を意識して毎日を過ごしているうちに、未知の印象やイメージが浮かぶようになったのです。それらに一貫性はなく、夢の中で出現することもあれば、目が覚めている時に浮かぶこともありました。また、一日にたくさん受け取ることもあれば、気になるヴィジョンや洞察などいっさい湧かずに数週間が過ぎることもありました。僕は何が起こっているかをなんとなく知っていたというか、勘づいていました。でも、それはまだ奇妙な行き当たりばったりの能力にすぎなかったし、その能力について説明し、使い方を教えてくれるマニュアル本などもありませんでした。

祖母の死に対して気持ちの整理ができたことには感謝していましたが、僕は祖母が父や母に向けたメッセージをひとつも伝えてこなかったことに驚いてもいました。両親はまだ、祖母の他界を深く嘆き悲しんでいました。後になって知ったことですが、死者のなかには、この世に対して「沈黙する」死後プロセスをたどる人もいるようです。あの世でたどるプロセスで、死者はその生涯を振り返り、自分が与えたインパクトをより深く理解しようとします。このプロセスが要する時間は、それぞれが死にどのように適応するかによって異なります。死後、故人が愛する人たちと切り離されたように感じる場合があるのは、きわめて普通のことだと僕は知りました。そこにはさまざまな理由があるのです。その一方で、愛する人の死後すぐに彼らからのサインを受け取る人たちがいることも確かです。あちら側の故人がどのようにこちら側と繋がろうとするかは、個々によって異なります。スピリットたちが生前の自分の本質を大いに投影して現れることに、僕はいつも驚かされます。

僕の前に現れる死者のなかには見知った顔もありましたが、多くは知らない人たちでした。彼らはメッセージを伝えてこようとしましたが、うまく伝わらないこともありました。こうした初期のヴィジョンのほとんどは、誰もが馴染みのある形、すなわち夢で現れました。僕の中学時代は、夜の恐怖ともどかしい夢の数々に満ちていたのです。その夢の多くを頭が冴えている状態で経験したため、起きている時よりも疲労困憊しました。前夜の夢を覚えていない朝などは珍しいくらいだったので、そんな朝にはつかの間の平常心と安堵感をおぼえたものです。頭が明晰な状態でさまざまな状況に連れていかれる経験は、最初の頃こそ物珍しく思えましたが、たちまち便利な能力というよりも面倒なものに感じられるようになりました。僕はただ、安らぎを求めていました。

ある朝、僕は母宛てのメッセージを伝えにきた女性の訪問を受けて目を覚ましました。深い眠りにありながら頭はいつもどおり冴えている僕の前に、茶色いショートヘアの女性が現れたのです。彼女は僕の両親と変わらない年頃でした。僕の最初のヴィジョンに現れた祖母は若い頃の姿でしたが、その女性は亡くなった時の年齢を投影していました。彼女が話しかけてくるつもりなのかどうかわからなかったので、僕はその女性の人生や死因について、できるだけ多くのヒントを得ようとしました。肩につきそうなほどのイヤリングがぶらぶら揺れているのが目につきます。彼女は色とりどりの布地を使った服を着ていて、僕はその複雑で細部にこだわった外見に心を奪われました。毎晩のように訪ねてくる死者たちが、まるで他界などしていないかのような格好で現れることに、僕はとりわけ関心を引かれました。スピリットたちが特徴的な服装で現れることが、特に不思議に思えてならなかったのです。

　もちろん、スピリット界ではポリエステル製品など製造しません。後に知ったことですが、ミディアムにスピリットがどう視えるかは、そのスピリットが自分をどう表現したいかに大きく関係しているようです。通常、スピリットはこちらにピンとくる方法で現れます。この世と同じく、スピリットも外見を装うことで自分の人柄を細かく表現できるのです。

　僕の前に現れたその女性の場合、そのスピリットがまとう鮮やかな色合いから、いわゆる濃いキャラの人物だということがわかりました。彼女がハスキーボイスで言いました。「お母さんに伝えてちょうだい、私の葬儀であなたのために花を用意しているからと。そう言えばわかるわ」

メッセージを理解したり追加情報を求めたりする間もなく、僕はびくりと目を覚ましました。顔がほてり、汗だくです。ぼんやり目を開けると、窓から朝日が差していました。すると、よくあることですが突然、母がノックもせず部屋に入ってきました。僕はメッセージを忘れたくなかったので――まったく何も考えずに――つい先ほど視たヴィジョン、聞いたメッセージを口走りました。その後に続いたやりとりは、僕たち親子の関係における転機のひとつとなりました。母は他の人には知りようのない形で、僕の言ったことの証拠を得ていたのです。

母の腕に鳥肌が立ち、上の空だった表情に緊張が走りました。僕は母がどう反応するかわからず、黙って座っていました。すると、母が急いで部屋から出ていき、また駆け戻ってきました――ネムノキの花と写真を手に。その瞬間、僕は母が黒ずくめなことに気がつきました。古くからの友人の葬儀から戻ってきたところだったのです。僕たちは見つめ合いました。母は友人の葬儀に行くことを誰にも言っておらず、ましてや帰り際に「あなたの友情に感謝します」というメモが添えられた花をもらったことなど口にしていませんでした。

僕がその女性のことを茶色いショートヘアでハスキーボイスだったと説明すると、

母の持ちうる懐疑的な思いはすべて消えていきました。母には僕がなぜそれを知りえたのか理解できませんでしたが、友人からのその疑いようのないメッセージは母に明らかな癒やしの感覚をもたらしました。母は僕の能力を理解せずとも、そのメッセージによって気持ちの整理をつけることができたのです。とはいえ、そもそも僕が経験していることを説明するすべなどなかったのですが。

自分のこの特殊な一面を理解できないからといって僕の疑問がやむわけではなく、それは今日でも変わっていません。ただ、ひとつ疑問が解消される度にそれ以上の疑問が芽生えるため、それを意識的に解明しようとしても無駄だとわかりました。僕がそれらを理解しようがしまいが洞察は次々と閃きのように訪れ、僕はそれぞれのサインやシンボルが意味することに心を奪われずにいられませんでした。同じサインやシンボルが何度も現れる時は、特にです。

その後、夢の中での悪戦苦闘を、起きている時にも味わうようになりました。違いはといえば、起きている時にヴィジョンを視る場合はハッと目を覚ますことがない、という点です。ヴィジョンが波のように襲ってくる時に、いかに平静を保つかが僕の課題となりました。最初の頃は、視えているヴィジョンに対する反応を隠すのが大変でした。でも若いのが幸いして、たまに僕がぼんやりしていても誰もそれほど気にしませんでした。情報の流れを無視する方法はわかりませんでしたが、それを頭の片隅に押しのける方法を僕は発見しました。そのおかげで、たいていの場合は日常生活で起こっていることに集中し、気を散らされずにいることができたのです。とはいえ、それが必ずしも自然な振る舞いでなかったことは想像に難くないでしょう——誰かとしゃべっている途中に思考の流れを完全に見失う、ということが中学時代には何度もありました。相手がしゃべっている内容ではなく、その相手について視えるヴィジョンのほうに深く集中してしまうからです。ちょっと変な奴と思われていたに違いありません。

　それでも、ヴィジョンを避けることはできず、その意味を探りたいという探究心を抑えることもできませんでした。僕はヴィジョンを解釈することに情熱を燃やすようになり、できる限りそれに取り組んで、毎日のように視るシンボルやヴィジョンを日記に書きとめました。人生の転機が訪れたのはその頃です。僕は行き当たりばったりでメッセージを受け取る段階を卒業し、自分からコミュニケーションを始める方法を学ぶ段階に移ったのです。「スイッチをオンにする」方法をマスターしたことは、僕の人生で最も役立つ学びのひとつになりました。これによって、意識的に心を開いてチューニングし、情報を伝達するという習慣が身につきました。

自らスイッチを入れられるようになり、相手の隠された部分にもすぐに気がつくようになりました。結果として、僕の人間関係のすべてが僕の能力に影響を受けることになったのです。僕は相手が話す言葉よりも、自分のヴィジョンや直観のほうを信じるようになりました。どれだけ相手のことを信じたとしても、自分の直観のほうが結局は正しかったという残念なことが何度も起こったからです。懐疑的な目で見られることに慣れていた僕は、逆に相手を懐疑的な目で見るようになっていました。大人になるにつれ、そのような疑い深い態度を徐々に手放すようにはなりましたが、それはミディアムに必ずついてまわる内面の葛藤を予兆していました。つまり、どちらに信頼をおくべきかという葛藤です。相手の言葉を信頼すべきか、それとも自分の直観を信頼すべきか？　相手が自分の愛する人の場合は特に、簡単に答えは出てきません。

思春期になると、普通のティーンエージャーが通過する試練に加えて、余計な不安や疎外感まで経験することになりました。人と違うことに疎外感をおぼえながらも、僕は誰もが自分はどういう人間なのかを学んでいるのだという事実を忘れないようにつとめました。急激な変化を経験しているのは自分だけではなかったからです。偏見のない何人かの友人が自分もそうだと話してくれたので、僕はそのことを常に感謝していました。

その友人の一人がノーランです。小柄で内気な彼とは体育の授業で一緒になりました。何よりも、僕たちはコンピューターゲームに夢中という共通点があって意気投合しました——まあ十三歳ですから、そんなものです。やがて僕は、自分の秘密を彼に打ち明けようと決意しました。その三年間で垣間見てきた、リアリティの向こう側について話してみたのです。ありがたいことに、彼は怖がりませんでした。左脳派タイプのノーランは、僕の「奇妙な」ところをむしろ面白いと感じ、この能力がなんなのかをはっきりさせることに意欲を示しました。そして、霊視能力者というのが何を意味するのかを書籍やウェブサイトで調べる手伝いをしてくれました。

共感性《エンパシー》のさまざまな形に関する説明を初めて読んだ時、僕は自分の人生に現れた兆候のリストを読んでいるような気がしました。僕たちは図書館やコンピューターの前で何時間も過ごし、同じような現象を経験した人たちのストーリーを読みました。この調査を通して、自分と似たような人たちが他にもいるという驚くべき事実に行き当たったのです。お祭しのように、僕の関心は宗教とスピリチュアリティにまで広がりました。このふたつの分野はどう見ても死者とのコミュニケーションと関係が深そうでしたが、それまでの僕はこの両分野について、あまり考えたことがありませんでした。

自分の能力が霊視能力と呼ばれているのはわかりましたが、ミディアムシップと一緒くたにされている他の分野の多くは、身におぼえがないものでした。超常現象《パラノーマル》や超自然現象《スーパーナチュラル》という言葉を見て身のすくむ思いがしましたが、特に嫌だったのはオカルトという言葉です。僕の自然な状態は僕にとっては「ノーマル」で「ナチュラル」であり、当然のことながら、オカルトという言葉がほのめかす秘密に包まれてはいませんでした。

僕は自分を統合させると同時に分断させる世界に没頭しました——自分が何であるかを知るとともに、自分が何でないかを知ったのです。僕はニューエイジのスピリチュアリズムに付随する戦略に反感をおぼえ、まだ若造ではあったものの、どうにかして自分がこの不思議な感覚を再定義できないものかと考ええました。

僕はあらゆる種類の神学やイデオロギーにのめりこみました。そして一年近く長老派教会に通い、仏教に関する書籍を読みあさり、哲学やオルタナティブ系の考え方〔訳注／伝統的な宗教の枠内におさまらないスピリチュアルな信念体系」にも心を開こうとしました。もはや、何を信じるべきかわかりませんでした――多種多様な哲学体系が、僕の経験している異世界のヴィジョンを裏付けていたからです。生命が死後も存続することは疑いようがなく、その存在の状態は明らかにこの世にいる生者と交流できるものだと僕は知っていました。それ以上に、僕はすべてとは言わないまでも、多くの可能性に心を開いていました。ですから、図書館で宗教や哲学の本を調べ、夏休みはずっと読書に費やして、学んだことをできるだけ記憶しようとしました。

それでも、自分がどの分野に当てはまるのかを把握するのは不可能でした。調査をしているうちにさまざまな分野に行き着いた僕は、死後の生に関する絶対的な答えを与えてくれる人がいるならそれは、自分と同じ能力を持った人たちだろうと考えました。そこで、他のミディアムを探すことに目を向けることにし、日毎に増えていく僕の疑問リストに答えを与えてくれそうな人を見つけようと心に決めました。

当時の僕は、有名なミディアムしか知りませんでした――そのうちの二人、ジョン・エドワードとジェームズ・ヴァン・プラグは大いに有益な情報源でした。二人は現代ミディアムシップの世界の道を切り開いた人物です。僕は彼らの本を読み、そのリーディングを観察し、二人にいつか個人的に会えることを願って貯金をしました。インターネットやスピリチュアル専門書店を調べ、個人的にリーディングしてくれる人はいないかと探しもしましたが、ほとんど収穫がありませんでした。

こうした調査を通し、僕は自分が経験していることについて、ひとつの重要な理解を得ました。クライアントからフィードバックを得る（事実検証する）ことの意味を知ったのです。それは、浮かんだ印象をとどめておく時間を最小限にするための手段でした。これは、大きな転換点となりました。というのも、それまでは周囲のエネルギーを手当たり次第に受け取る器だった僕が、自分の感じていること、あるいは感じていないことを相手に伝えることによって、その印象をつかんでいる時間をひとまずコントロールできるようになったからです。浮かんだヴィジョンや感覚はたいてい、それを相手に伝えると消えていきました――それは次のメッセージが降りてくるまでの、つかの間の休息だったのです。

僕が気兼ねなく事実検証できる数少ない相手の一人がノーランでした。僕たちは二人で、僕の不思議な能力とその範囲を把握するためにさまざまな「テスト」を行いました。たとえば、公園やコーヒーショップをうろつき、知らない人のリーディングをして内容を書きとめ、僕の能力のレベルを探るのです。思いどおりに能力を発揮できるほどのレベルではなかったのですが、練習を重ねることで、うまく個人に的を絞れるようになっていきました。この技術は、僕の仕事において必要不可欠なものになりました。

最初の頃の実験は楽しく、ある意味、無鉄砲なものでもありました――公共の場で知らない人のリーディングをし、浮かんだ印象を書きとめ、時には相手に話しかけて、その人の愛する故人からのものと思われるメッセージを聞く気はあるかと尋ねるのですから。転機を迎えていたこの時期、僕は自分の授かった能力を受動的に発揮する段階から、より深い潜在力を利用し始める段階に移っていきました。

初めは赤の他人に話しかけることに気後れしましたし、相手の反応もさまざまでした。しかし、繋がったものを受け取って伝えることへの躊躇が薄れていくにつれ、メッセージもどんどん降りてくるようになりました。そして数か月経つと、浮かんでくる印象の発信源が変わり始めました。最初は亡くなった祖母、名前のイニシャル、懐かしい記憶といったものが一瞬の閃きとして得られるだけでしたが、次第にリーディング相手である生きているほうの人間から直接、印象を受け取るようになったのです。

たとえば、人間関係に関する悩み、健康問題、転職といったものがリーディングで降りてくるようになりました。さらに奇妙だったのは、脈絡のない色、無意味に思われる記憶、雑音的な情報などをたくさん受け取るようになったことです。それでも僕は練習と試行錯誤を重ね、印象を頼りに最も重要なメッセージについて事実検証をする方法を習得し、関係なさそうな情報は部分的に無視できるようになりました。

これによって、僕は難題に向き合うはめになりました。伝えるべき重要なメッセージとそうでないメッセージを判断する権利が自分にあるのか、という難題です。郵便配達人はどの手紙を配達するかを選んだりするでしょうか？　メッセージ内容を検閲するのは公平ではないように思えました。しかし、サインやシンボルが通常より曖昧だったり、さらなる解釈が必要だったりした場合にその意味を読み解けるほどの腕が、当時の僕にはありませんでした。

ノーランは、霊感が強すぎることのメリットとデメリットを理解してくれた数少ない友人の一人です。知り合った頃、二人で校庭を歩きながら、彼が隣の州に住む親しい友人を話題にしたことがありました。その話を聞いていると、「ジェニファー」という名前と「2」という数字がすぐに浮かびました。ノーランが驚き、話題の友人には姉妹が二人いて、下の妹はジェニファーという名前だと言いました。僕が「ジェニファー」と「2」という言葉を口にした途端、そのヴィジョンは消え、僕の頭は一時的に静まりました。この能力が何であれ、それは時空間に縛られてはいませんでした。だからこそ僕は、誰かを通してまた別の人をリーディングすることができたのです。意図さえあれば、直観を通して自由に繋がることができました。十三歳だった僕にとって、この能力は超能力のように感じられました。僕はそれを磨きたいと思い、その方法を示してくれる相談相手がいればいいのにと願いました。

　この時期が、ミディアムとしての仕事に足を踏み入れることを大きく決定づけました。僕が現在していることの大部分もこの頃に学んだものです。ある日のこと、僕は友だちと電話で話をしながら、メモ用紙に落書きをしていました。するとペンが前後に滑るように動き、情報の波がやってきました。走り書き《スクリブリング》が、情報をチャネリングする手段になっていたのです。僕は夢や脈絡なく浮かぶヴィジョンに翻弄されるのではなく、自分でコミュニケーションを開始していました。少なくともこのスクリブリングを通して、降りてくる情報の流れを何かしらコントロールできる感覚を得ていました。スクリブリングで描かれるものは通常、意味をなしていません。意識的なコミュニケーションを開始するための瞑想状態に入るには、スクリブリングの内容ではなく、そのプロセスが重要なのです。

自分の能力を発見していくことに興奮する一方で、自分が普通の人だったらいいのにと願う日もありました。支えてくれる人たちが周囲にいたので助かりましたが、だからといって、はっきりとした予兆を目の当たりにしても驚かなくなるというわけではありません。少なくとも、これからお話しする一件では予兆がトラウマになりました。

一番古い幼馴染のティムは、外見こそ僕とそっくりでしたが、僕よりずっと社交的でした。友だちというより兄弟のような間柄だったので、ティムが小児脳腫瘍に苦しむ様子を見るのは、僕の子ども心に深く影響を与えました。相次ぐ放射線治療によってティムの声帯はつぶれてしまいましたが、癌はやがて寛解期に至りました。僕はいつも自分たちの友情が独特なものだと感じていました。二人とも、あの世の近くにいるというのがどういうものかを——それぞれのやり方で——理解していたからです。

ティムは幼い頃から生命の尊さを知り、日々を意欲的に生きていたので、周囲の者にとって彼は喜びの存在でした。ティムは僕のことをミディアムのタイラーとして見るのではなく、僕の性格や友情を大切に思ってくれていました。その頃の僕は自分の能力を理解することで頭がいっぱいでしたが、ティムの置かれた状況を見ていると、今この瞬間に生きる大切さを思いだすことができました。僕たちはサイクリングをしたり、ビーチに行ったり、ゲームを考えたりして何時間も一緒に過ごしました。

十代の半ば頃、家を引っ越すことになり、ティムとは三百キロほど離れてしまいましたが、それでも都合がつけば週末には会いに行っていました。彼に会えない日が数か月ほど続いたある時、父が急遽サプライズで小旅行を計画してくれたので、ティムに会いに行けることになりました。ビーチに行くには絶好の日和で、僕はサイクリングを楽しみにしていました。

埠頭で待つティムに向かって歩いていると、彼がにっこり笑うのが見えました。その穏やかなかすれ声で、遠くから僕の名前を呼ぶのが聞こえます。ところがハグできるほど近づいた時、僕は期待していた温もりではなく、冷たい寒気に襲われました。ティムは笑ってはしゃいでいましたが、僕はハグをしながら耳の奥でビービー鳴り響く音に圧倒されていました。心の奥底から虚ろな思いが溢れてきました——親友の死を予知するヴィジョンが視えたのです。そこには疑いようも、シンボルを解釈する余地もない冷たい真実だけがあり、若かった僕にはその真実に向き合う準備などまったくできていませんでした。僕は深刻な問題があることを隠しておくことができず、言葉を見つけられないまま、具合が悪いからと言い訳して早々と帰ってしまったのです。それが最後の交流になるとわかっていれば、もっと違う対応ができていたかもしれません。しかし、当時の僕は自分の視たヴィジョン、これから起こると知ってしまったことを直視できずに、だんだんとティムと連絡を取らなくなっていきました。癌が忍び寄り、前回よりも静かに再発していました。そして十七歳で亡くなる三週間前にティムから連絡があり、生きている間に最後に会いたいと言われました。彼は大人になりかけたところなのに、その生命が終わろうとしていたのです。僕たちは会わなかった時間を取り戻すために、車で小旅行に出かけようと約束しました。

でも、その約束は果たされませんでした。ティムの病状が悪化し、動けなくなるほどの段階に達したからです。間もなく、僕は親友が何百キロも離れた場所で息を引き取ったことを知りました。その瞬間の予知は起こりませんでした。それは現実を突きつけるリマインダーとなり、ミディアムであるとはいえ、自分もまた他の人々と同じように宇宙の謎の支配下にあるのだと思い知らせてくれました。

僕は怒り、悔しさをおぼえました。どうしていいのかわからない。気づけば僕は名も知らぬ神、自分が理解もしていない神に、ガイダンスをくださいと祈っていました——誰かがその祈りを聞いていることをただ願って。少なくとも、ティムは聞いてくれているとわかっていました。その後の数日間、僕の祈りは一連の夢となって叶いました。夢の中で、健やかで幸福なティムと再会したのです。この世で多くの思い出を分かちあったあの埠頭で、ティムはつぶれていない明瞭な声で「着いたよ」と叫びました。

　ティムは、なぜ僕が連絡を途絶えさせたかを理解していたのだと思います——僕が「知っている」ことの重荷を処理しきれなかったことを。それでも僕の胸は痛みました。あんなに若くして亡くなったのが悔しくてなりませんでした。一緒に新しい思い出を作るチャンスをたくさん失ってしまったのです。この経験が前兆となり、僕の能力とアイデンティティの境界が曖昧になりました。僕の個人的な交流すべてが、余計な、そして常に歓迎できるわけではない予知能力に影響を受けることになったのです。繋がる能力に対する自信はついてきていましたが、同時に孤独感も募っていました。

　その後の数年間で自分自身への理解は深まったかもしれませんが、自分が放りこまれた人生には常に疑問符が漂っています。周囲の人々の人生や感情を映しだす印象が襲ってくると、自分のアイデンティティの感覚を保つのは困難です。でもそうした内面の葛藤をよそに、僕はリーディングをする度に、自分の人生に現れる人々への理解、究極的には自分の役割への理解を深めています。

僕はこの役割をもって己の本質を明らかにしたのだと思います。というのも、この役割が、自分のアイデンティティの感覚と一番近いものだったからです。僕の能力を一番必要とする人たちのためにそれを使う時、僕は彼らを助ける能力によって自分という人間を定義します。良くも悪くも、僕はそれによって完璧主義者になり、試行錯誤を重ねながらも自分の能力を磨こうと決意しました。ミディアムになることは僕が希望した仕事ではありません——それは責任であり、おかげで僕は思春期から青年期につきものの浮き沈みに加え、奇怪なものを余計に背負うことになりました。

僕の人生観は、死者からの深遠なメッセージを聞くことによって形作られてきました。僕は彼らの過ちから学び、彼らの知恵に慰めを見いだします。そして、死がいかに僕たちの人生観に劇的な影響を与えるかを知り、理解を深めています。自分の人生を操縦し始めたばかりの若者である僕にとって、こうしたレッスンが与えるインパクトはとりわけ大きなものです。

2

サイキック能力を打ち明ける

カリフォルニア州のハンフォードという街には、廃墟となったレンガの建物や家族経営の店などがひっそりと並んでいました。そうした店は現れては消えていきますが、基本的に似たような品物——小物や骨董品、宗教関連の記念品などを取りそろえていました。セントラル・バレーのフレズノからおよそ五十キロ南に位置するハンフォードは、とても保守的なコミュニティで子どもたちが育つ閑静な場所でした。そんな街のとある店先のウィンドウに、ある日〈魂への贈りもの〉という看板が現れた時の僕の好奇心を想像してみてください。ガラスの向こう側で、幸福そうなブッダの大きな像が微笑んでいます。

近隣の人たちは誰もそのようなものを見たことがありませんでした。

初めてその店に入り、チャイムとベルの音、それにパチュリと果醪《マスト》の中間のような香りに迎えられた時のことを、僕は決して忘れないでしょう。入り口には禅の噴水の

✶

置きものやくすんだ竹の植木鉢がずらりと並んでいました。右側には色とりどりのタペストリーやきらびやかな宝石、クリスタルなどを載せたテーブルがあり、どれも値札がついていません。左側には反射加工が施された扉が閉まっていました。カウンターには誰もいません。

僕は店内の商品を見てまわりました。タロットカード、チャクラのポスター、妖精のフィギュア、籠に入ったフィンチ、宝石ケースに並べられた瞑想用のCD。後に知ったことですが、二階の小部屋では、その店所属のタロット占い師が教えるベリーダンスのレッスンや、さまざまな種類のオルタナティブ・ヒーリングが行われていました。誰もが何かしら楽しめそうな店です。書棚にはオルタナティブ系の、ありとあらゆる種類のヒーリングや信念体系に関する本が並んでいました（でも、いつ店に行っても、それらの本が元の場所から動いた形跡はありませんでした。それは触れてはならない話題だったのでしょう。僕たちの住む田舎町では「オルタナティブ系の」信念体系や人々に対する関心はあまりありませんでした）。

やがて店の奥から、髪がごわごわした長身痩躯の男性が出てきて、マークだと名乗りました。後にマークと僕は友人になります。彼はとてもおしゃべりで、聞いてくれる相手には喜んで自分の趣味の話をしました。マークと奥さんは、「ヒーリング関係」のものを求める人たちのための場所を提供したくて店を開いたのだそうです。僕は自分のことをどのくらい打ち明けていいものかわからず緊張していたので、自分は看護師を目指す学生だけれども、最近スピリチュアリティのほうに関心を抱くようになったとだけ話しました。

マークは店のニュースレター——今後の店のイベントに関する内容で、そのほとんどは自己啓発や瞑想の集まりでした——を声に出して読み始めました。彼は、毎週開催の「サイキック開発サークル」や「ミディアムシップ１０１」と呼ばれる催しについては、さっと読むだけで終わらせました。明らかにその分野にあまり興味がないようでしたが、僕は耳をそばだてました。そのうちに僕は勇気を出して探りを入れることにし、そうしたテーマに関する彼の考えをさり気なく尋ねてみました。哲学から死後に関することまで、彼が自分の意見を語るのを、僕は客観的な立場で聞きました。後に僕は店の部屋を借りることになり、これが僕の初めてのリーディング部屋となります。

僕はマークとその部屋にとても感謝しています。それは僕のスピリチュアルな聖地と言ってもいい場所でした。ただ、店の風潮には、真のスピリチュアルな人たちが取るだろうと僕が思っていた行動と一致しない面もありました。そこはあらゆる立場の人々に開かれる場所であるはずなのに、特定の関心や信念だけを共有する小グループに分かれていたのです。たとえば、超常現象を探究するグループは団結していましたが、二階で毎週クンダリーニレッスンを受講するヨガマット持参のママ集団とは決して混じりあおうとしませんでした。各グループは互いのグループを否定し、異種交流もほとんど見られません。例外は、リーディングを行うプラクティショナーたちだけでした。

僕はその店に葉っぱの裏側を見せられているように思いました。つまり、そこには街の必要不可欠、かつ隠れたネットワークがあったのです。そして、各ネットワークはとても活発でした！　カウンターには何十ものチラシやビジネスカードが積まれ、店ではほとんど毎日、直観プラクティショナーに会うこともできれば、自己啓発のグループに参加することもできました。僕はいろいろな人たちと会い、多様なサービスやグループを調べるようになり、やがて頭がくらくらしてきました。オーラ？　チャクラ？　レイキって何？　僕はそういった対象に柔軟な態度を取り続けていましたが、初めて目にする分野のすべてがある根本的な問いに僕を連れ戻しました。自分は何を信じているのだろう？

これは僕がいつも自分に問うていたもので、異なる信念体系に出会った時は必ず頭の中で確認する事項でもありました。僕は多くの信念に対して部分的には共感していましたが、絶対的なものを主張する信念やプラクティショナーにはあまり共感できませんでした。そして、店の風潮のいくつかの側面と、その頃には足が遠のいていた教会との間に似通った点を発見しました。不寛容な聖句引用にも引き寄せの法則にも、どこか共感できない点があったのです。ニューエイジ運動もまた他の信念体系と同じように、多種多様な人を魅了していました。その多くは善意の人たちで、この宇宙での自分の役割を深く理解しようと探究していました。

店はオルタナティブ系の人たちの聖地になり、僕ももれなくそのグループに分類されました。僕はますます多くの時間をそこで過ごすようになり、学校に行く前や放課後などもよく店で勉強していました。街の大半の人にとって、〈魂への贈りもの〉はどこか怪しい店で、人々は外から様子をうかがいながら、決して中に入ろうとはしませんでした。僕はそのことを承知しつつ、個人的にはそこを我が家のように感じていました。

ミディアムシップへの関心をマークに話す気にはなりませんでしたが、その話題について山ほど意見がある人たちに特に抵抗はありませんでした。また、直観で情報を受け取ることができるという人も、少数ですがいました。僕はその人たちが用いる独特のプロセスに完全に心を奪われました。その誰もが同じ源に繋がっていると主張していましたが、それぞれの繋がり方は彼らの個性と同じくらい独創的なものでした。もちろん彼らの信憑性のレベルもまちまちで、僕はそのことに深く悩まされはしたものの、すぐに相手が正直かどうかを見分けられるようになりました。

自分が授かった能力に関するガイダンスがほしいという思いは、理解されたいという思いに変化しましたが、それは簡単に叶うものではありませんでした。そのうちに、予知能力のあるさまざまな経歴の人たち――生まれた時からその能力を備えていた人もいれば、僕と同じように、家族を亡くしたり臨死体験をしたりと何かしらの出来事があった時にその能力に気づいた人もいました――にたくさん出会うようになりました。

それがネオンに照らされた店先でリーディングを行うミディアムであれ、国際的に評価されているミディアムであれ、僕はすべてのミディアムに魅了されました。同じ情報を受け取るにしても、それぞれが本質的に異なるアプローチでリーディングを行っていました。メッセージの詳細や事実検証からリーディングがそれていく人たちには共感しがたいものがありましたし、聞こえのいい曖昧なメッセージを伝えるリーディングも珍しくありませんでした。でもそうした疑わしいミディアムでさえ、僕自身がリーディングをする際にどのようにアプローチしてはいけないかを教えてくれたという点で、興味深かったのです。

ミディアムの大半は、ふたつのカテゴリーのどちらかに当てはまるようでした。クライアントの私生活（将来設計、相談事など）に焦点を当てるタイプと、哲学的な講釈や全体像を直観で伝えるタイプです。僕がリーディングしてもらう際の好みは事実検証を重視する詳細タイプのミディアムでしたが、哲学的な面を重視するミディアムもまた、何かしら役立つ情報を与えてくれました。両タイプはそれぞれにまったく異なる目的を持っており、一方はクライアントの私生活の向上と予知を、もう一方はより広範で普遍的なアプローチを目的にしていました。

僕が受けたリーディングのなかで、決して忘れられない印象的なものがあります。それは、ガイダンスを求める僕の方向性をすっかり変えてくれました――外からではなく内側からやってくるガイダンスを求めるように、僕を方向転換させたのです。

それはミシェルというミディアムに出会った時のことでした。ミシェルは店の入り口付近にある、あの反射加工が施された扉の部屋で仕事をしていて、僕は彼女にリーディングを頼みました。彼女が口を開く前から、僕はその目を見て、彼女が正しい心で仕事をしていることがわかりました。ミシェルの優しい声、話し方や間の取り方、その真摯な態度を受けて、僕は彼女が情報を探りだそうとしていないことを確信しました。間違いなく、何かを解釈しようとしていたのです。

リーディングは最初、曖昧なスタートを切りました。ミシェルは椅子と指輪のヴィジョンが視えると言いました。僕はその頃にはすでに数多くのサイキックに会っており、誰にでもなんらかの形で当てはまるような、平凡な話で時間を無駄にすべきではないと思っていました。僕は確証を得たかったのです。リーディングが中盤に入った頃、ミシェルが「あなたには向こう側の〝ガイド〟がいて、あなたとスピリットのコミュニケーションを手伝っている」と繰り返しました。そのガイドは複数いる――僕がリーディングを行ったり、ガイダンスを与えたりするのを手伝うチームがいる――とのことですが、そのサポートを得るには僕自身が彼らに耳を傾ける方法を知る必要があるようです。それは素晴らしいメッセージだと思いましたが、ミシェルは他に確証となる情報をあまり与えてくれなかったので、僕はそのメッセージを心の中で保留することにしました。

ミシェルによると、ガイドと繋がるには瞑想を通すのが一番だとのことで、彼女は瞑想の方法を喜んで教えましょうと言いました。僕は彼女がそのタイミングで瞑想を話題にしたことを興味深く思いました。というのも、ちょうど数日前、僕はキャンドルやお香をそろえた瞑想スペースを部屋に作ったばかりだったのです。そしてまさしくその朝、アロエベラの小さな鉢植えを買ってきて、部屋の中心に置いたところでした。ミシェルが何気なく「ガイドが鉢植えを見せてくれているわ……サボテンみたいな」と言った時、僕がどれだけ唖然としたかは想像がつくでしょう。彼女は少し間をおいて続けました。「その近くであなたが瞑想しているのが視える。アロエかしら？」

僕は口をぽかんと開けました。それこそ、僕が求めていた確証でした！　僕がその朝買ったばかりのものについて、ミシェルが詳しく知るはずなどなかったからです。そのヴィジョンが正解だということは、向こう側に僕のスピリットガイドがいるという話も本当かもしれません。僕は彼女との出会いを運命のように感じました。もしかすると僕のガイドたちが、その存在に気づいてもらおうと彼女に出会わせてくれたのだろうか？　でも、そのガイドたちとは何者なのだろう？

僕は家に向かいながら、瞑想をしてそのガイドたちから言葉を受け取ろうと決意しました。ただ皮肉なことに、決意するというやり方は、僕がその後もっとスムーズに繋がるようになった方法とは真逆のやり方でした。結局のところ、瞑想の目的は考えないことなのです。思考や感情を最小限にすることで、情報の流れを邪魔しないパイプとなることができるわけです。繋がろうと意識すると直観的な認知から外れてしまい、ストレスがかかって情報の流れを制限するだけです。しかし、何はともあれ当時の僕は決意していました。

家に着くと、静かな音楽を流してお香を焚き、何が起こるかわからないままに、胡座を組んで座りました。しばらくして、意識的に思考を消そうとすることがいかに逆効果であるかに気づいたので、僕は手放すことにしました。そして、呼吸に集中しました。何も起きません。

少し休憩し、今度はタイマーをセットして、あと三十分だけ瞑想することにしました。それでも何も起こりません。僕はいらいらしましたが、その後の数日間も瞑想を続けました。でも、いつもの些細な印象が浮かぶ以外にあまり成果はありませんでした。ガイドたちにコミュニケーションを促されている気はしましたが、彼らからの答えは何も返ってこなかったのです。

自分の個人的なガイダンスを受け取ろうとする試みはうまくいかないままに数週間が経ち、僕は挫折感を味わっていました。他人の愛する故人たちからはしょっちゅう明瞭なメッセージを受け取るというのに、なぜ自分のスピリチュアルガイドからはそれがないのかと困惑しました。僕を手伝ってくれるはずのガイドから、どうしてろくに声が届かないのだろう？

ガイドと繋がろうと毎日のように試みたすえ、僕は彼らが現れるにまかせようと決めました。その頃になると、夜は鮮明な夢や必ずと言っていいほどある訪問、絶え間なく変化するぼんやりしたヴィジョンに満ちていました。当時はまだ覚醒したままでいる能力を磨いている途中だったので、最も重要な情報だけを覚えておきつつ雑音のような情報は無視することによって、夢の時間のコミュニケーションを向上させることを僕は目標にしました。

そうして能力を磨いていたところ、ほぼ毎晩のように数か月続いていた訪問が突然止まり、僕はショックを受けました。しかも、たいていは思いだすことができていた夢――サイキックな夢であってもそうでなくても――の代わりに、水中に沈んでいる夢を繰り返し見るようになったのです。最初の幾晩かは、この時間も形もない夢が奇妙にも心地よく感じられました。頭は冴えているとはいえ温水に浸かっている感覚は、毎晩殺到するようにやってくる訪問者との繋がりから解放された安堵感を与えてくれました。そうした繋がりによって、しょっちゅう体力を消耗していたからです。

水中に沈む夢には、過去に経験したことのあるような馴染み深い感覚がありました。何かの記憶に対して、潜在意識が警告を促している感覚です。その夢は最初は平和なものに思われましたが、子宮の中にいるような不安感があり、その不安に胸がドキドキしました。

そうした夜が幾日か過ぎた頃、僕はその夢を見る度に、さらなる詳細を思いだしながら目覚めるようになりました。一週間が過ぎ、その夢はだんだん一連の悪夢と化していきました。三週目が終わる頃には不眠症が襲ってきて、僕は長時間続けて眠ろうと苦戦するようになりました。眠りからの休憩を取るために、何度も目を覚ましてしまうからです。休息であるはずの睡眠が疲れを招く場合、いったいどうすればいいのだろう？

スピリットたちが毎晩現れていた時には違った意味での疲れを感じたものですが、少なくとも彼らには馴染みがあり、安心感もありました。僕のマインドを苦しめる、くらくらするようなその重い息苦しさに比べたら、どんなものでもましに思えます。その夜も僕はうとうとしながら、水中に入っていくいつもの温かさと、徐々に増してくる目眩の感覚をおぼえました。

すると突然、どこからともなく引っ張られました。左腕を物理的に引っ張られて目眩がやみ、僕はくらくらする感覚が急に止まったことに驚きました。そして海に浸かって何も見えない状態のまま、声が直接こう言うのを聞きました。「君はこれを覚えていないけれど、私が助けたんだ」

僕は困惑しましたが、他の人の声が聞こえて安心もしました。その声がどこから来るのかわかりませんでしたが、若い男性の声のようでした。僕の魂の中心にまで届くような懐かしい感覚です――僕はその声を、今生で知る誰の声よりも昔から知っている気がしました。名前は思いだせないけれど誰だかはわかる、という感覚です。

「ウォルター」とその声が言いました。「君が知っていた私は、そう呼ばれていた」

僕はその奇妙ながら懐かしい存在と会話をしたかったのですが、あてどなく浮遊していたので話すことができませんでした。気分が悪くなるような目眩は治まっていましたが、口を開けると肺に水がたまる気がして、怖くて言葉を発することができなかったのです。僕は話したい衝動と全力で闘い――そして負けました。唇を開くなり、大海に飲まれるような圧が襲ってきます。僕はびくりと目を覚まし、激しく息をつきました。母を起こしにいくと、青ざめていると言われ、グラスに入った水を渡されました。僕はできるだけ角が立たないように、水はいらないと答えました。

息苦しい悪夢がずっと続いていることを話すと、母が心配そうな表情をするのが見て取れました。共感できない状況に関する話にも常に辛抱強く耳を傾けてくれる母でも、毎晩の悪夢がどれだけ僕を苦しめているかは理解できないとわかっていました。僕はあのウォルターという人物が言ったことを母に話せば、点と点が繋がって、その悪夢を止められるかもしれないと期待したのです。

母は論理的に、僕の夢が水にまつわる過去の恐ろしい経験と関係しているのではないかと言いました。それを聞いて思いだしたのですが、僕は幼い頃、ハワイ旅行中に事故に遭いました。まだ小さくてスノーケリングをできるほどではなかったので、父と一緒に潮溜まりで遊んでいた時のことです。海に背を向けていた僕たちは、二メートル近い波に背後から襲われ、足元の鋭く尖った火山岩めがけて突き飛ばされたのです。波が僕を海に押し流そうとするのを、母はなすすべもなく見ていたそうです。後に聞いた話によると、その日その浜辺で別の人が実際に流される不運に見舞われ、命を落としたとのことでした。

僕はすっかり途方に暮れました。自分が幼少期に死にかけた体験をなぜ覚えていなかったのだろう？　なぜ今頃になってその体験が夢の中で再現されているのだろう？父に事故の詳しい話を尋ねると、あれはトラウマになる出来事だったから話題にするつもりはなかったのだと言われました。

父は一瞬の判断で、波の流れが僕を父の手の届く範囲内に連れてくると予測し、僕の左腕をつかんで岸のほうに引っ張ることができたそうです。ウォルターがなんらかの形で介入し、僕が安全なほうへ流されるように手助けしてくれたのだろうか、と僕は考えました――そして結果的に、僕の命を助けてくれたのだろうかと。

この話を両親から聞いたことは夢を理解する糸口にはなりましたが、それによってさらに多くの疑問も生じました。子どもの頃の僕を、それも僕が身近な人を亡くすずっと前から見守ってくれていたとするなら、ウォルターとはいったい誰なのだろう？

僕が今生で知る人ではないのなら、そもそもなぜウォルターは僕を助けてくれているのだろう？

以来、繰り返し起こる悪夢は二度と戻ってきませんでした。浮かんだ印象は解釈して相手に伝えると消えていきますが、それと同じく、あの悪夢も僕がその意味を理解した途端に消えていったのです。ウォルターが何者かはわかりませんでしたが、彼は自分がいかに僕を救ったかを示すことによって、僕の人生に自ら登場したのでした。

悪夢は止まったものの、ウォルターの訪問はその後も断続的に続き、僕が夢を見ている間にしばしば複雑なシンボルやイメージを送ってきました。僕の人生に関するウォルターの洞察力――僕の人生に関する彼の認識――は、僕が彼のことを知っている以上に彼が僕のことを知っているという事実を示していました。もっとも、僕が彼について知っていることはほぼ皆無でしたが。

ウォルターが夢に現れても、必ずしもその顔が見えるとは限りませんでしたが、僕は彼の存在感にすぐに気がつくようになりました。そして、彼が送ってくるサインやシンクロニシティに気づけば気づくほど、それらは矢継ぎ早に届くようになりました。

僕の人生を導くうえで、ガイドたちはどの程度の主導権を握っているのだろう――それに、彼らになんのメリットがあるのだろう――と僕は思わずにいられませんでした。

後に知ったことですが、相互に繋がるすべての魂のなかでも、一部の魂はある種の「魂のレッスン」を教えるために、他者の人生においてより高度な役割を担っているそうです。こうした学びを目的とする関係は魂の契約と呼ばれ、多様な形で存在します（詳細は後述）。魂の契約の多くは、深遠な役割を担った人たちとの間で結ばれます。その役割とは、僕たちが人間の経験をしている間に、人間であることの意味を理解できるように手助けすることです。

魂の契約は、生きている人間同士の間のものに限られません。場合によっては――よくあることですが――スピリットガイドとの間でも結ばれることがあります。いずれにしても、双方の魂が学んでいるレッスンに応じて、それぞれが学ぶ機会を得られる役割を担うのです。

スピリチュアルガイドの役割は他のすべての役割と同様に、一時的なものだということを覚えておいてください。なんと言っても、成長には変化が欠かせません。ガイドの魂も僕たちの魂と同様に存続していきますし、ガイドはガイドでそれぞれ固有のレッスンと課題を持っています。この次元であれ他の次元であれ、どのような転生においても魂が担う役割はすべて一時的なもので、変化し、進化していくのです。

ウォルターは手を貸してくれる状況に応じて、異なる姿で現れました。僕が慰めを必要としている時は、思いやり深い友人の姿で夢に現れました。メッセージが特別に深刻な時は、僕に解決策を示すことに全エネルギーを注ぎ、そのためそこにはその解決策の発信源が彼であることを示す馴染み深い感覚しかありませんでした。夢に出てきてもらうのが理想的でしたが、それは、意識がある時につきものの先入観をはさまずに明瞭なコミュニケーションができるからです。それでも、心を開いて受信することに意識を向けようとするにつれ、起きている時でも否定しようのないサインが視えるようになっていきました。

自分の勘やランダムに繰り返される思考、たまに起こる白昼夢などを記録することで、僕はそれらがすべてガイドからの交信手段だということを理解しました。僕にとって従来の瞑想は、彼らのメッセージを聞くために不可欠なものではありませんでした。僕は試行錯誤を重ね、象徴的な情報を読み解く方法を学びました。毎日瞑想に一時間を費やしても特に大きな成果は得られませんでしたが、外に出て周囲の環境に溶けこんでいると頭が空白になる瞬間があり、そういう時にはほぼ必ず何かしら特別な情報が降りてきました。

その一例として最も印象深いのは十代半ばに起こった出来事で、母と一緒に夕食をとろうと地元のピザ屋に行った時のことです。店に入った瞬間、ビールの看板の下の空席のテーブルに目が釘づけになりました。奇妙なことに、見たところ何もないのにその方向に何かピンとくるような直観が働いたのです。

その席に目をやる度に、心の奥底から緊迫感がこみあげてきました。それはまるで、何か信じがたいほど重要なことを忘れてしまっていて、それが何か見当もつかないというような感じです。その感覚を鬱陶しく思いましたが、どれだけ頑張っても振り払えません。その頃には自分の能力のことを母に充分証明ずみだったので、今回のことも話せばわかってもらえるだろうとは思いましたが、うまく説明できる気がしませんでした。

その薄暗い一角を無視し、ピザを持ち帰りにしようか考えていると、前に並んでいた男性二人が注文をすませて席を探しに行きました。彼らが店内を進み、僕の注意を引いていたあの空席に向かいました。その瞬間、強い緊迫感のレベルがはねあがると同時に、一九八〇年代の格好をした細身の青年のイメージと、通りを暴走してくる古い車のイメージが次々と浮かび、口の中に突然、鉄のような味がしました。

　赤の他人なら僕の異変に気づかなかったと思いますが、僕のことをよく知っている母は察知しました。ヴィジョンが浮かぶ度に、僕の体は波のように襲ってくる寒気でこわばり、腕の毛が逆だっていました。母がそれに気づいたのです。

「タイラー、何かが視えているの？　話してちょうだい！」と母が促しました。

　イメージが次々に押し寄せるなか、自分の感覚をできるだけ詳細に説明していると、母の顔色が変わるのがわかりました。目に涙を浮かべ、腕の毛も逆だっています。母は僕と同じくらい圧倒されているように見えました。

「あの看板の下に座っている男性はね、私の学生時代の同級生なのよ。彼の兄弟が車の事故で亡くなったの。二十代の時だったわ」

　僕たちは二人とも、どうしていいのかわかりませんでした。母はその男性に話しかけてみてはどうかと言いましたが、僕の心の声がやめておけと言いました。適当に入ったピザ屋で、僕は赤の他人へのメッセージを受け取りながら、目の前の光景に浸りきっていました。ピザを食べながら何も起こっていないふりをしていると、やがてその感覚は消えていきました。

僕は心の奥底で、リーディングの内容を相手に伝えるかどうかを賢明に判断することの重要性を、この出来事が教えているのだと感じていました。まだ心が弱っている時に愛する故人からメッセージを受け取ってしまうと、悲嘆プロセスに打撃を与える可能性もあります。僕には受け取る情報をコントロールすることはできませんが、受け取ったメッセージをどう扱うかについては責任があるのです。

しばらくするとガイドたちとうまく交流できるようになりました、と言いたいところですが、現実はというと、彼らのメッセージや影響力は、深遠であると同時に捉えがたいものだと判明しました。僕は何年もの間、自分のガイドたちに名前をつけて顔を覚えようと試みました――彼らに人間の姿を当てはめて、なんとか説明をつけようとしたのです。でもやがて、世の中には自分が知るべきでない事象も存在するのだと認めるようになりました。間違いなく、僕の「チーム」はコミュニケーションのプロセスにおいて大きな助けになっていて、たとえ僕が意識していない時でさえ、彼らは僕の人生を導いてくれています。僕の能力の背後にいる勢力は、他の人々と同様に僕にとっても謎なのです。ひとつ確かにわかっているのは、メッセージはすべて理由があって降りてくるということです。そして僕の目的は、その必要性を満たすことなのです。

話はピザ屋での出来事に戻りますが、意識のシフトが起こったのは、まさしくあの時でした。周囲には僕のガイドたちがいて、彼らからの交信が微細なものであっても、僕はそれに気づくべき時には必ず気づくのだと思いました。例の席に着いた男性には話しかけなかったにもかかわらず、ヴィジョンが正確なものだと母から確証を得られた経験をして以来、僕は自分が受け取るメッセージを聞きたい人を探さなくてはという思いに駆られるようになりました。そして、もっと能力を磨いてリーディングをしていこうと決意しました。僕には情報の受け取り方が基本的には次の二通りであることがわかっていました。

1．人生の出来事や情報を、クライアントのエネルギーから直接読み取る

クライアントが特定の状況に関してどう感じているかを理解する、あるいはその人の人生のごく私的な側面を調べるうえで、最も頼りになる情報源はそのクライアント本人です。クライアントの人間関係や健康状態、個人的な達成に関する過去、現在、未来を調べる時は通常、本人のエネルギーを読みます。エネルギーは本人の経験を保持していて、その人を特定の道に導いているからです。クライアントが悲嘆に暮れていたり、不調を感じていたり、壁を作ったりしている時は、このリーディング方法の確実性は薄れます。

2．スピリットから情報やメッセージを受け取る

メッセージを伝えてくるスピリットは、彼らの視点からの洞察を与えてくれます――ここが重要なポイントです。僕が「情報」としてクライアントに伝えるものはスピリットたちが伝えてくるものに頼っているので、僕はそれが完全に真実であることを信頼するほかありません。それに加えて、スピリットからのメッセージはしばしばシンボルやイメージを通して伝わってくるので、ミディアムが注意を怠れば、その解釈において情報が失われることもあります。

最良のリーディングは、このふたつをそれぞれ少しずつ用いるものだとわかってきました。僕が思うに、真に有能なミディアムは、クライアントのエネルギーを直観的に読み解きながら、同時に本人のガイドや亡くなった人からも情報を受け取って解釈します。どちらかの方法が遮断されたり使えなくなったりする場合もあるので、情報を直観で受け取るには複数の方法を使えることが重要です。ふたつの方法を併用することで、多面的でより信頼できるリーディングが可能になります。

僕はこのやり方を目標にしましたが、リーディングを正式に行ったことがなかったので、リーディング精度を上げる方法がよくわかりませんでした。この疑問に対して、〈魂への贈りもの〉が答えになることはわかっていました。僕が普段自然にやっているリーディングを発展させるには、自分が人前に出なければいけません。店でリーディングをすることが一番論理的（で直観的）な次なるステップでした。そのためには、マークから承諾を得なければなりません。

これには気が重くなりました。まさしくこの話題について、マークとはたくさん話してきたにもかかわらず、僕は自分のミディアムの面をずっと隠していたからです。そんなに長く沈黙を守ってきた話題を急に持ちだすなんて、今まで騙していたのかと思われるかもしれません。まあ、確かに騙していたわけですが。

数日後、僕は開店とほぼ同時に店に入りました。マークと話したいと思っていると、彼がいつものように一番に顔を出しました。僕は自分について説明したことがあまりなく、まだ内気な年頃でもあったため、祖母が他界した時に初めて経験した繋がりについて、しどろもどろに説明しました。僕が店内のリーディング部屋で仕事をさせてもらいたいと話すと、マークは静かに頷きました。僕は話しながら、自分に向けられたマークの視線を感じましたが、彼の考えをリーディングすることはできませんでした。思えばある意味これが、僕の初めての仕事の面接でした！

マークが僕にその場でリーディングができるかと訊きました。僕が彼の不信感以外にも「何か読み取れるのか」見定めたかったのでしょう。ともかくマークは、自分の店で働く者が信用に値するかを確かめたかったのです。僕たちはリーディング部屋に行きました。テーブルに着くと、僕はリーディングの手順を改めて説明しました。亡くなった人と繋がるためには、その故人の形見があれば助かると説明すると、マークが話を遮って言いました。「私が繋がりたい相手の写真でも大丈夫かな？　形見でないといけないのかい？」

僕は瞬時に、マークがそうした形見を持っていないのだと察しました。このような事態はその後の僕のリーディングにおいても乗り越えるべきハードルとなるのですが、その時の僕は、繋がりを確立できないかもしれないと思って愕然としました。

スピリットが現れる要因のひとつとして、スピリットと交信しようというクライアント自らの意図があります。つまり、クライアントが心を開けば開くほど、「スピリチュアルな体験」を受け入れやすくなるのです。持参した故人の形見があれば、クライアントはそれを見る度に故人について考えます。リーディングでは情報過多によってクライアントの気が散ってしまいがちですが、形見があることで、僕もクライアントも集中力を保つことができるのです。

僕が両手を組んで目を閉じている間、マークはじっと待っていました。僕は自分の呼吸に集中し、何かが起こるはずだと信頼することにしました。最初は何も起こりませんでした。僕は友人のノーランとサイコメトリー〔訳注／人や物体に触れて情報を読み取ること〕の練習をしていた場面を思いだしました。練習中、僕は目を閉じて背中に手を回し、ノーランがその手に骨董品を置きました。そうしてその品物が作られた時代や場所、所有者などの詳細を読み取っていくのです。思い返してみると、ティーンエージャーの頃の僕たちの遊びは少々奇抜なものでした。

しばらくすると、まぶたの奥の暗闇に明るく赤い数字の「2」が浮かび、次に、破れたレースが浮かびました。過去のリーディング経験から、僕は破れたレースが離婚を示すシンボルだということを知っていました。僕が過去の二度の結婚に言及すると、マークは二度の結婚経験があることを認めました。次に浮かんだのは青い数字の「3」で、続いてマークにそっくりの男性のイメージが浮かびました。唯一違ったのは、その男性の鼻が赤く腫れていたことです。これらのシンボルは、マークの元妻たちを示す先ほどのシンボルよりも明白ではなかったので、僕は自分が視ているものをできるだけ私見をはさまずに説明しました。すると、マークはその男性が自分の兄弟であると認めました。その兄弟はアルコール依存症で、中毒症状のどん底にいるとのことです。マークは三人兄弟でもありました。

その時点で、僕はマークの頭に重くのしかかっている、彼の人生の問題をはっきりとリーディングしていました。僕たちが知り合って以来彼から聞いたことのある話以上の内容を、一瞬のヴィジョンをいくつか視ただけで知った気がしました。マークは明らかに心を動かされたようで、そわそわと座り直しました。僕はアルコール依存症の兄弟の自己破壊的な行動が原因でぎくしゃくしている、マークの家族のダイナミクスについて説明しました。マークはその重要な問題を、そんなに少ないイメージで象徴化できるとは想像もしていませんでした——僕もです！

僕は集中力を高めるための形見がない状況をうまく乗り越えた自分に満足していましたが、その一方で、マークが目に見えて気弱になっていることに気がつきました。マークは僕を店で働かせるために必要な証拠を得たわけですが、リーディングをそれ以上掘り下げる心構えはできておらず、さしあたってはここまでが限界でした。

リーディングが予定より手短に終わり、僕は自分の能力を証明できたことをただ嬉しく思っていました。でも皮肉なことに、マークが僕のことをどう思っているかははっきり読み取れませんでした。しばし気まずい沈黙が流れたあと、マークは次のふたつを条件に、僕に部屋を貸すことに同意しました。ひとつ目の条件は、リーディングを有料にして、その二十五パーセントを店に納めること。ふたつ目の条件は、僕が未成年のため、両親からの承諾を得ることでした。最初は、どちらの条件がより屈辱的なのかわかりませんでした。リーディング料金を取らなければいけないことなのか、はたまた保守的な父に、死者と話す僕の能力を使って商売をさせてほしいと頼むことなのか――父に関して言えば、僕にそんな能力があることすら知らないのです。それでも、ともかく頼んでみるしかありませんでした。

僕はまず母に相談しました。ミディアムであることを隠さずに働くこと、そしてもっと差し迫る問題として、父にどう説明すべきかについて母の意見を求めたのです。マークからの条件については真剣に考えるべきだとわかっていました。ことをさらに厄介にしていたのは、僕が記憶にある限りずっと昔から、「自分の授かった能力に対して代金を請求する者は、その能力を失うリスクを冒すことになる」と感じていたことです。プロとしてリーディングを行ったことがなく、ましてや専業としてそれに従事したこともなかった僕には、学ぶべきことがたくさんありました。最初から僕の味方だった母は、自分が幸せになることなら何でもやってごらんなさいと励ましてくれました。

あとの問題は父だけです。僕はマークに打ち明けた時よりも緊張していました――少なくとも、マークはオルタナ思考の店を経営しているぐらいですから、心を開いて耳を傾けてくれることはわかっていました。しかし、相手が父となるとそれは期待できません。僕は父が仕事から帰ってくるまで気をもみながら、話すべきことをノートに箇条書きにして準備しました。鏡の前で話す練習もしました。両親から「敏腕弁護士になれる」といつも言われていた僕は、それが本当かを試すことになりました。でも、どれだけ練習したところで父の反応に対する心の準備はできませんでした。僕の話を聞くと、父の顔に浮かんだ困惑が不信に変わり……やがて哀れみのようなものに変わりました。答えは「絶対だめだ」でした。

つらい一日になりました。将来の夢を親に応援してもらえないのも確かにきついことですが、ミディアムであるのは僕の本性なのです。それが僕の使命なのに、自分が知っている唯一の道をたどれなくなりました。もっと早く父に打ち明けていればよかったのかもしれませんが、僕は父の反応を恐れていました。そして、その恐れが現実のものになりました。

僕は自分の部屋に行き、店の思い出の品やそこで買った物をすべて捨てました（当時はまだ多感なティーンエージャーでしたから）。僕にとって、それらはただの品物ではありませんでした。一人の人間として自分を発見していく旅路に必要な物だったのです。たとえばヒンドゥー教に関する書籍の数々は、そこに出てくるチャクラについては僕的には半信半疑だったものの、学校で学ぶような堅苦しい信念体系を超えた思考体系が他にもいろいろあることを教えてくれました。僕はそうしたものによって、自分たちのコミュニティに蔓延している、恐れに基づいた窮屈な精神構造から自由になったのです。今やそのすべてが、二度と見ることのないゴミの山となって部屋の中央に積まれていました。

僕は落ちこみ、父とあまり話さなくなりました。いろいろな理由で深く傷ついていましたが、その一番大きな理由は、父が僕という人間の大部分を見失っていたことです。自分が授かった能力を、店に来る人たちと分かちあえないことだけが残念だったのではありません。父とそれを分かちあいたかったのに、心を開いてもらうことさえできなかったのです。なぜ、こんなにも大きく心が離れてしまったのだろう？

父はもちろん僕の態度に気づいていました。やがて父が、前回より穏やかに、あの話題を持ちだしました。僕は自分の言い分を続けて主張しました。そうして話し合いや説明を重ね、真摯な思いを伝えたところ、最終的に父が歩み寄ってくれました。最初は理解できなかった父も、最後は息子への愛情が何よりも上回ることを示してくれたのです。僕にとって、愛してもらうことは、究極的には僕の能力を受け入れてもらうことを意味していました（そのためには、繰り返しの質疑応答が必要でしたが）。父の許可を受けて僕は舞い上がりましたが、父はコミュニティの人たちに僕がどのように受け入れられるかが心配だと何度も言っていました。本音を言うと、僕も同じ思いでした。

その後の数か月、僕は店でリーディングの仕事をしました。それが自分の人生において最大の変容期のひとつだったとわかったのは後になってのことです。ミディアムとして公然と働くという僕の決断を、家族は応援してくれました。一方で他の人たちがどう反応するのか、僕の人生にどう折り合いをつけるのかは予測できませんでした。

店で正式にリーディングを始めた頃、六十代の小柄な紳士がぶらりと店に入ってきました。場違いなところに入ってきたように見えましたが、彼は僕を見るなり、目をぱっと輝かせました。ちょうど探していた人を見つけたような感じです。僕はこの人物の人生に自分がなんらかの役割を果たすことになっている気がしました。人は時々、そういったサインを受け取るものです――デジャヴがその一例です。男性が近づいてきて挨拶をし、リーディング部屋で話ができるかと訊いてきました。男性のエネルギーは優しく、父親のような感じでした。それに、彼はどこかいわくありげでした。

リーディングをしてほしいと言い、彼は店が設定した基本料金に同意しました。ふたりで向かい合って座ると、僕は心配になりました。プロとしてリーディングを行うことにまだ慣れていなかったうえに、僕がそれまでに行ってきたリーディング相手の大半は女性だったからです。僕の地元では、オルタナ系のスピリチュアリティに関して、男性はあまり話したがりませんでした（「夫のことをリーディングしてほしい」と頼んでくる妻はたくさんいましたが！）。僕の前に座った男性は、そういった意味で身構えている様子はなく、心からワクワクしているような好奇心を放っていました。

僕はまず、リーディング中にご自分の情報はできるだけ話さないでください、と彼に説明しました。僕にとって重要なのは、一時間のセッション中、先入観のない視点で直観的に自分の感覚をたどっていくことだからです。そのため、リーディング内容が合っているかどうかの確認は「イエス」か「ノー」の言葉に限ること、詳しい話はリーディングが終わるまで待ってもらうことが重要でした。僕は気持ちを楽にしてリーディングを開始し、頭を空っぽにして、呼吸に集中しながら目を閉じました。

まず鳥のさえずりが聞こえ、ヤシの木がぶつかる音が続きました——嵐だろうか？暗闇に鮮やかな緑の影が現れ、まだ目をぎゅっと閉じているのに視界が明るくなりました。一瞬、揺らめく緑の中に黄色い点がはっきりと視え、部族衣装を着けた男性が現れました——ほとんど意味がわかりません。男性の目はその年齢を物語り、唇はぎゅっと結ばれていました。僕をじっと見ています。

細かい点を把握しようとしたちょうどその時、それらのヴィジョンが暗闇に消えてしまいました。僕は焦りそうになるのをぐっと堪えました。ヴィジョンが視える時間をコントロールすることはできないようです。それは今でも同じで、交信相手の伝える力に応じてヴィジョンが留まる時間は変わります。あまりにも早く消えてしまうため見失ってしまうヴィジョンもあれば、永遠に感じられるほど長く留まるヴィジョンもあります。だから僕は、迅速にヴィジョンの詳細を把握して一秒たりとも無駄にしない方法を学んできました。

その時のリーディングでは、ほんの少し待って目を開けると、男性が待ちかねるように座っていました。その表情には、その後の僕のキャリアにおいて何度となく見ることになるもの——期待感が浮かんでいました。彼は、自分が抱えている複雑な問題に対して答えを与えてくれるであろう、特別なメッセージを待っていたのです。

僕はできるだけ気を取りなおし、出会って間もないその見知らぬ男性に、ジャングルにいる半裸の男性のヴィジョンが視えたと説明しました。僕は笑われるか愚弄されるのを覚悟しましたが、実際には涙を見ました。明らかに自尊心の高そうなその男性が、震えながら、何年分にも思われる積もり積もった感情を解放していたのです。彼いわく、僕が説明した人物は彼にとって非常に大切な存在だったとのことです。思わぬことに、彼の愛する故人はシャーマンだったのです。

その男性は、スピリチュアルな探究の一環で南米を旅し、ネイティブ・アメリカンの霊的指導者や長老たちから広く学んできたそうです。そのうちの一人が僕のヴィジョンに現れた人物で、ほんの数か月前に他界したとのことでした。僕に視えたおもなヴィジョンはそれだけでしたが、その男性にとっては大きな意味を持つものでした。男性は、良き師であり導き手でもあったその人物と再び繋がったのを感じました。男性が何を期待して来店したにしろ——そして何が答えの出ないまま残ったにしろ——僕はそのヴィジョンが男性に伝わったことを知って安堵しました。それは、彼らの師弟関係が死を超えても続くことを疑いようなく証明していました。そのことは僕たちの肩から、多くの差し迫った疑問の重荷をおろしてくれました。

その男性に別れを告げていると、僕は強い親近感に見舞われました。そこに学ぶべき何かがあることを、僕のガイドが知らせてくれていたのでしょうか。その日のリーディングは、僕がその後に何度も経験することになった、自分は教える側であると同時に、学ぶ側でもあると感じさせるリーディングのひとつになりました。

それからわずか数か月後に、その男性と再会しました。僕は店でのリーディングを増やし始めていましたが、もっと無難で現実的な道を歩もうと決意し、地元のカレッジの予備看護コースに登録したところでした。手続きの日、僕はあの男性とばったり出会って驚きました。聞いてみると、彼はそのカレッジの学長で、もうすぐ退職予定とのことでした。彼は僕のことを覚えていて、僕が看護の道に進もうとしているのを知って驚いていました。そんな能力を授かっているのに、なぜミディアムとしてフルタイムで働かないのかと。

少し話をしたあと、僕は「将来の計画を実行に移してコース登録までしたけれど、今日のことは運命だったのではないか」と思いながら帰宅しました。カレッジに通うという熱意は本物でした――そこで多くを学び、新しい人たちと出会い、進むべきキャリアが見つかるだろうとわかっていました。でも僕は直観的に、もっと別のことに胸が躍る気がしていたのです。教育の価値を熟知している男性、それをライフワークにしてきた男性から同じ思いを聞かされたことは、僕の直観の正しさを証明していました。僕はその男性との再会によって、自分の進むべき道は看護ではないのかもしれないという考えに至りました。しかし当時の僕は、それを考慮することさえ不安でした。ホスピスでの看護の仕事を目指せば、介護士として安定した生活ができ、自分の授かった能力をたまに活用しながら、ある程度の匿名性を保つことができます。でもミディアムとしての仕事に就き、もし成功を収めることができれば（その可能性は低いですが）、静かな生活を送ることは難しくなるかもしれません。

　僕はその日のシンクロニシティをサインとして受けとめ、自分の能力の限界を試してみることにしました。それが本当に僕の進むべき道であるなら、自分がどこまでやれるかを確かめてみたいと思ったのです。自分の疲労レベルの範囲を正確に測定し、今後のペース配分をもっとよく理解しよう。そう考えた僕は、月に一度無料でグループリーディングを行って、地元の人たちがどんな反応をするか試すことにしました。それは自分の能力を磨く機会になり、参加者からのフィードバックや確証を得る機会にもなるでしょう。それに僕は、懐疑的な人たちやマンツーマンでミディアムと会うのは不安だという人たちにも、リーディングを経験する機会を広げたいと思っていました。初日の夜には、父を招待しました。

　だいたい三十人くらい集まるだろうかと思った僕たちは、二階の部屋にできるだけ多くの椅子を並べました。蓋を開けてみるとあっという間に席が埋まり、驚きました。

僕と母は、父が来るのを待っていました。すると、知らない人たちが押し寄せるなか、見知った顔が扉口に現れました――父ではなく、僕の一年生の時の担任のミセス・ホイットモアです。先生はすぐに僕に気づき、僕をぎゅっと抱きしめました。僕は、ぼんやりしている自分を時々叱った厳しい女性として先生を記憶していたので、その先生が今この人混みのなかに現れたことにショックを受けていました。記憶にある先生よりも年配に見え、厳しい印象も薄れています。先生は、通りを歩いていたところ、この催しのために歩道に列をなして待っている人たちに気づいたそうです。その頃には街の人たちの多くが、僕の長らく秘密にしていたサイキック能力のことを知っていて、先生も例外ではありませんでした。実際、先生は好奇心を抑えられないようでした。「タイラー、私から何か印象を受け取ることはできる?」と先生が単刀直入に尋ねました。

僕は先生の質問に応じたかったのですが、注意散漫になっていました。もうすぐ地元の街で初めて大勢のグループリーディングをする、という事実に気を取られていたのです。その一方で、昔の先生の希望を叶えたいとも思っていました。僕は、もう少し人目につかない場所に移動しましょうと言いました。

別の小部屋に先生を案内し、少しの間、静かに座りました。かつては権威者だった先生に、自分のとても個人的な面を見せるのはバツが悪いような気がしましたが、先生は明らかに心を開き、僕が何を言うかを聞きたがっていました。この日、先生が店の前を通りかかったのには、何か理由があるのかもしれません。

僕は目を閉じて何度か深呼吸しました。静かに座って繋がろうとしましたが、はっきりした印象は浮かんできません。何も浮かばないかもしれない、という不安が僕の思考を襲ってきました。この部屋の外では百人を超える人たちがグループリーディングを待っているというのに、何も浮かばないだなんて、どう説明すればいいのだろう？分析に走ろうとすればするほど、パニックが募りました。テーブルの向こうから先生の目がじっと僕を見つめているのが感じられます。今夜の催しがまったくの失敗に終わったらどうしよう？　印象はいつも自然に浮かんでくるのに、その瞬間の僕は、かつてないほど繋がりから切り離されている感じがしていました。頭の中のおしゃべりと不安は、「思考をなくす」プロセスをより困難にするだけです。このせめぎ合いのダイナミクスは、その後の僕のキャリア全体を通して学ばなければならないことでした。リーディングに対する期待に応えるためには、結果への期待を頭から切り離すことが必要不可欠なのです。一分、また一分と気まずい沈黙が続くと、僕の内面の動揺が先生の声に遮られました。

「考えすぎないで！　真剣なんだから」と先生が言いました。僕は目を閉じたまま、先生に叱られている――しかも先生のためのリーディング中に――という事態にたじろぎました。僕は、集中するのにもう少し時間が必要だと小声で応じました。すると、まったく別の人の声が聞こえました。「ゆっくりでいいのよ、静けさは安らぎだから」。僕は驚いて目を開けました。背筋と腕に寒気が走ります。ヴィジョンもイメージも浮かんでいませんでしたが、僕と先生の視線が合いました。二人目の声がまたはっきり言うのが聞こえました。「私の孫は子宮がんを患っているの。緊急事態なのよ」

僕はあまりに明瞭なメッセージに驚きました。この二人目の声は僕だけに聞こえているもので、先生のおばあさんが発した声のようです。そんなことは初めてで、メッセージの力強さもかつてないものでした。僕はそうした直接的なメッセージを伝える心の準備ができていなくて狼狽し、「先生は婦人科医に診てもらうべきだと思います」と伝えるのが精いっぱいでした。先生が眉をひそめて言いました。「本当なの？　つい最近診てもらって、健康だと言われたばかりなのよ」。そう言われた僕はさらに困惑しました。自分に聞こえた声は確かなものでしたが、これは慎重な扱いを要する問題です。僕は「セカンドオピニオンを求めたほうがいいと思います」とアドバイスしました。あんなに明瞭に聞こえた声は、もう二度と聞こえませんでした。

僕は気をくじかれ、もう追加のメッセージは届いていないと説明しました。先生はがっかりしたようでした。僕は先生が聞きたいと思っていたことへの期待に応えられなかったのです。僕は、ミディアムであることには失望がついてくる場合もあるのだと学び始めていました。どんなメッセージが降りてくるかを自分で決めることはできず、僕にはそれをどう伝えるかを選ぶことしかできないのです。

僕は重い足取りで小部屋を出ると、グループリーディングの部屋に行きました。全員が僕に注目しています。座席は埋まり、部屋の後方に大勢が立っていました。扉口にも人が並び、故人と繋がるのを期待して待っています。亡くなった家族の形見を持ってきている人たちもいました。家族連れで来ている人たちは、より強固な繋がりを確立できると期待していました。満員の部屋にみなぎる興奮に、僕は励まされるよりもプレッシャーを感じました。こんなに大規模な場ではメッセージを正しく解釈できないかもしれない、という不安を人生で初めて感じました。さらに困ったことに、父まで到着していました。部屋の後方で母と一緒に座っています。もし失敗しても、街の人たちとは今後も地元や学校で顔を合わせなければなりません。それは父も同じです。逃げるわけにはいきませんでした。

どこから始めていいのかわかりませんでした。パニックを押し殺しましたが、自分が足を踏み入れようとしている状況に対して、心の準備ができていないという思いを振り払えません。ところが、リーディングの手順を聴衆に説明し始めた瞬間、奇跡が起こりました。複数の死者がはっきりと現れたのです。まるで誰かがスイッチを入れたかのようでした。頭が明晰になり、僕は五時間話し続けました。参加者百人のうち、六十人以上のリーディングをしました。次から次へとリーディングしていると、時間が飛ぶように過ぎていきました。

大規模なリーディングでは、こうしたことが起こるのだと僕は後に学びました。つまり、メッセージを伝えることにあまりに集中しているため、情報が相手に伝わるやいなや次の人のリーディングに移っているのです。自分の発言に対する反響については、あまり何も考えていませんでした。両親が聴衆に混ざって見ていましたが、僕は二人の反応にも注意を払っていませんでした。注意を払いたくても、払えなかったでしょう。リーディングを行う時には、現れるたくさんの故人と頭の一部を共有するので、周囲の環境に気づかなくなります。

その夜のリーディングは次のような具合でした。年配女性の亡くなった姉妹が、子どもの頃の姿で現れました。その姉妹は悲惨な乗馬事故で亡くなったようです。その情報を伝える間もなく、後列に座った男性に注意が向きました。唇をぎゅっと結び、厳しい表情です。その男性に意識を集中させると、父親らしき人たちがグループで現れ、全員、心臓病に苦しんだことを伝えてきました。そして全員が、その後列に座る男性の心臓の状態について触れてほしいと訴えてきました。その男性は心当たりがあるような素振りを見せませんでしたが、僕がメッセージを伝え始めると、彼の妻が口をはさみました。「主人は何度か心臓の手術を受けました。主人の家系には心臓病が多いんですよ。主人は認めたくないんです！」。その男性がきまり悪そうに笑いました。僕が伝えたメッセージをちゃんと理解したようです。

僕はメッセージを伝え続けました。夜は更けていき、店には参加者が入れかわり立ちかわり出入りしていました。このイベントは、店がそれまでに開いた催しのなかで最も人気の催しのひとつとなったのです。ミディアムシップに関するマークの意見はともかくとして、大盛況だったことには彼も大喜びでした。終了後、参加者たちはリーディングの感想をマークに夢中でまくしたてました。彼が喜んでいるのは明らかでしたが、僕のほうは、初めてのグループリーディングが大成功に終わって、ただただ安堵感をおぼえていました。それに、とんでもない疲労感を！

両親は催しの途中で帰っていきました。僕が夜遅くに帰宅すると、二人がソファに座って待っていました。父が目に涙を浮かべ、参加者たちの反応にどれだけ圧倒されたかを語りました。彼らが父に話しかけてきて、質問を浴びせたのだそうです――父が息子に尋ねようと思ったことさえない質問の数々を。父は初めて、あのようなリーディングが癒やしになることを知ったのです。自分の息子としてしか見ていなかったタイラーを媒介として、街の人々が彼らの愛する故人たちと実際にコミュニケーションできたということ。彼らがそのことを心から信じ、個人的な確証を得て帰っていったこと。父はそれに感動していました。

その日から両親は、僕の仕事と人生の目的を心の底から応援してくれるようになりました。それまでの僕は、根本的に世間から距離を置かれ、理解されないという思いを抱いていました。それが一晩にして、ありのままの自分として両親と率直で隠し事のない関係を築けるようになったのです。大きな注目を集めてしまうような僕の一面――自分でも取り扱うのに苦労していたその一面が、今や家族の誇りとなりました。

その最初の催しから一年近く経った頃、僕の携帯電話が鳴りました。画面に出た番号に見覚えがなかったので出るかどうか迷いましたが、留守番電話に切り替わる直前に応答しました。なんとなく聞き覚えのある声が聞こえます。それは、あのグループリーディングの夜に会った先生でした。先生はあのリーディング後、帰宅して、僕に言われたことを家族に話したそうです。先生自身はセカンドオピニオンを受ける気はなかったのですが、家族は受けるべきだと促しました。受けて損するわけでもないでしょう、と。先生は、もしセカンドオピニオンを受けていなかったら、ステージ3に進んでいた子宮がんを発見できなかったかもしれない、と話しました。さまざまな治療を受けた結果、回復に向かっているとのことで、僕のリーディングが命を救ってくれたと先生は言いました。僕はこう返事をしました。「お礼ならおばあさんに伝えてください――僕にそれを教えてくれたのは、先生のおばあさんなのですから！」

その記念すべき確証は医学的情報が実証された意義深い一例となり、その後のリーディングでも何度も起こることになりました。当時の僕はこの特殊な能力をまだ理解していませんでしたが、理解する必要はない気もしていました。自分が助けになったとわかっているだけで充分だったのです。あの日以来、噂を聞いた人々が大挙して連絡してくるようになりました。絶好調だった僕は、多い日には八件ものリーディングを立て続けに行いました。一時間のセッションをいくつもこなすにはかなりの精神的エネルギーがいるので、いつも疲労困憊していました。それでも僕は自分を極限まで追いこみ、この能力をどこまで使えるのかと、自分の第六感をもっと理解すべく限界を試していました。

やがてペース配分を学ぶことにはなりますが、ひとまず両親の応援とこの不思議な能力を受け入れてくれる人が増えていくコミュニティを得て、僕は有意義な人生を歩んでいると実感していました――人生で初めて、そしてきわめて公然と、そうした充実感を得ることができたのです。当時の僕は、自分の活動がその後どれだけ公になるかをほとんど予測できていませんでした！

3

死の隣、生の隣

★

十八歳の誕生日を迎えて間もない頃、僕はキャリアの面でとても不安定な時期にありました。ハンフォードという小さな街でリーディングを始めた僕はわずか二年で、ほぼ毎週末、クライアントに会うためにロサンゼルスまで駆りだされるようになっていたのです。僕が順調にキャリアを積む一方で、両親のビジネスはかつてなく低迷していました。父は毎日勤勉に働いていましたが、母がパートタイムの仕事で家計を支えざるをえなくなり、僕の人生で初めて母が外で働くようになったため、顔を合わす時間も減りました。そのタイミングはある意味、僕にメッセージを送っているようにも思えました。つまり、法律上は僕ももう大人で、より大きな責任を担う必要があるということです。

しかし、ミディアム特有の責任を担うためにできる準備など、何もありませんでした。その責任のひとつは、たとえ伝えにくい状況であっても受け取った印象を伝えるということでしたが、これは両親との関係にも影響をおよぼすことになりました。二人は僕のキャリアを応援してくれていましたが、僕の能力がどんな仕組みになっているのかは依然として理解していませんでした。たまに両親のことやその経歴についても印象が降りてくるのですが、自分の親のことなので最初は少し気まずい思いをしました。それでもちょっとしたきまり悪さくらいなら対応できましたが、母の育ての親である男性に関する違和感をおぼえて跳ね起きた朝の展開には、まるで心の準備ができていませんでした。

祖父は健康な人でしたが、ある朝、ちょっと咳きこんでいるようだと母から聞きました。いつもは元気な祖父が少し不調を感じているという事実を、僕はどういうわけか聞き流すことができませんでした。話を続ける母に耳を傾けているふりをしながら、胸がどんどん締めつけられていくのを感じました。肺がんの徴候を示す感覚とは別のもので、それよりも僕が幼少期に苦しんだ喘息の感覚に似ていましたが、どこか違う気がします。アレルギー？　いや、違う。何かがおかしい。

僕は母に、祖父に電話して医師に診てもらうように伝えたほうがいいと言いながら、自分の身体的な感覚よりも感情的な感覚のほうに動揺していました。胸の痛みは否定しようのないものでしたが、腹の底から湧いてくる感情的な反応が咳のレベルと合致しないのです。まるで、まだ受け取っていない知らせに僕の体の一部が反応しているかのようでした。でも、どうやってそんなことが？　それに、もし僕の感覚が本物だとすれば、なぜそれが起こっているのか――それが一番大きな疑問でした。

その夜、僕は嫌な気分でベッドに入りました。何より歯がゆかったのは、その嫌な気分の理由がわからないことです。感情の波が、僕の心に刻みつけるように押し寄せては引いていきます。悲劇が差し迫っているとわかっているだけでも落ち着かないのに、それが起ころうとしている時期がわからないことに、よりもどかしさを感じました。部分的に知っているという状態は、まったく何も知らない状態よりも重荷になるものです。

僕の一部だけが知っていました。サインはそこに現れていたのに、僕はそれが示すことを信じたくなかったのです。釈然としない思いで寝入った時のざわつくような圧迫感は、翌朝目覚めた時もそのまま残っていました。起きた瞬間、あの馴染み深い感覚、まだ起こっていない未来の記憶の感覚がありました。祖父の余命はあと七日だったのです。

祖母の死からおよそ十年後に、同じことが不吉にもまた起ころうとしていることに僕はショックを受けました。ただ今回は、メッセージを伝えるための時間が与えられています。どうして自分がいつも悪い知らせを伝える役回りなのだろう？　それより何より、事前に知ることで祖父の死を阻止できるのだろうか？

　無理もないことですが、母はこの知らせを深刻に受けとめました。僕は朝食をとろうとキッチンに行き、祖父の余命が七日だということを母にどうにか伝えたのです。ちょうどその朝、祖父から「調子はましだ」と電話があったところだったので、僕からの知らせは母に衝撃を与えました。数え切れないほどのリーディングを行ってきていた僕は、状況がどのように見えても自分の直観のほうを信頼するようになっていました。

　母に伝えるのはつらかったものの、それは僕が伝えてきたなかでも最も有益なメッセージのひとつとなりました。軽い咳だったのがほんの数日のうちに、肺の機能を停止させるほどの症状に進んだのです。四日目には、祖父は入院していました。

　僕は祖父が亡くなることを知っていましたが、その時点になっても誰も僕ほどには確信していませんでした。その大きな理由は、事態があまりにも受け入れがたいものだったという事実にあるでしょう。なんと言っても、祖父は誰もが知る限りずっと健康だったのですから。それがここへきて激変するなんて考えられるでしょうか？

でも実際に激変しました。六日目になると、祖父は昏睡状態に陥り、人工呼吸器によって生かされていました。ほんの一週間前、母は自宅にいる祖父と電話で話していたというのに、病院のベッド脇で別れを迫られていたのです。さらに厳しい状況として、母は祖父の生命を維持する人工呼吸器を外すかどうかの決断にも迫られていました。僕は初期の頃にガイドから受け取った教えを思いだしていました。延命装置で永らえるのは手錠を締められるようなものだ、という教えです。

母は祖父を解放することを決断しました。七日目、祖父は息を引き取りました。母は父親に最も近い人物〔訳注／タイラーの母親は血の繋がった実の両親を知らないまま育った〕が亡くなることを一週間前に知ったことに、ある種の慰めを見いだしました。母の視点で考えると、彼の死は定められた、避けがたいものでした。それを事前に知ることで、ちゃんと別れを告げる時間を持つことができたのです。

宇宙の皮肉だったのか、祖父が自分の深刻な健康状態に気づいていなかったのと同じくらい、僕も自分の健康状態をまったく把握していませんでした。愛する人を失った深い悲しみのプロセスを家族で経験しているなか、僕たちの関心はすべて祖父のことに向いていました。母は悲しみに暮れながらも仕事を調整しつつ、祖父の死にまつわる法的手続きをこなしていました。家族全員が心ここにあらずという状態です。僕の優先順位リストのかなり下のほうに、「右目の奥からズキズキするような再発性の頭痛」という項目がありました。他にいろいろ気にすべきことがあるのに、頭痛などに構っていられるでしょうか？

自分の優先順位を変更させる出来事があるとすれば、それは瀕死の状態だと告げられることでしょう。僕はいつの間にか集中治療室のベッドに横たわり、ほんの二十四時間前には、三キロのジョギングを終えて自宅の庭いじりをしていたのに不思議だな、と考えていました。脳内破裂のリスクがあるので歩くことはおろか、動くことさえ禁止だと看護師たちに言われていたのです。

鈍い頭痛として始まったそれは、あっという間に深刻化しました。最初、周囲の人たちはアレルギー性の頭痛ではないかと理屈づけていました。それが春先のことで、リーディングをしていない時の僕は、いつも庭いじりに何時間も費やしていたからです。自然に囲まれて土に触れられる自宅の庭は、いつしか僕にとって一種の瞑想スペースのようになっていました。そこは、常に働いている僕の頭が安らげる数少ない場所でした。

頭痛が日毎にきつくなり、頭を休ませるのが困難になりました。最初は地元の眼科医のところに行きました。彼は僕の目をくまなく検査し、明らかな問題はないと言いました。おそらく季節要因による頭痛だろう、とのことです。それから四十八時間もしないうちに、僕は頭頂部から背骨にかけて脈打つような放射熱に襲われていました。母が仕事を休み、街のカイロプラクターのところに連れていってくれました。彼は僕の首を調整し、その不規則な痛みは背骨の歪みのせいではないかと言いました。あちこちから異なる意見をもらいましたが、僕は痛みが始まる三週間前のことを思い返さずにいられませんでした。

それは母と車に乗っていた時のことです。僕は自分が早産だったことについて、母にあれこれ尋ねていました。母は、僕が赤ん坊だった頃にちょっとした出来事があったと、何気なく口にしました。僕に脳動脈瘤の疑いがあると医師から言われたことがあったそうです。出生時の新生児検査において、脳の基底部に出血の可能性が示されたのです。しかし二度目のスキャン検査で、一度目の検査結果は誤診に違いないと言われ、医師たちも心配していなかったとのことでした。その話を聞いたのはそれが初めてで、僕はその瞬間から、スキャン結果に見られた影が再び現れるのではないかという思いを振り払うことができなくなりました。母はあれが問題となって再発することはありえない、技術的エラーだったのだからと繰り返しました。

「また影が現れるかも」と僕は運転中の母に口走っていました。

「タイラー、そんなこと言わないで。気にしすぎよ」。母にとって、一人息子を失う恐れを追体験するのは耐えられないことでした。

それなのに三週間後、母はそれを予言どおり追体験することになりました。よろめきながら緊急治療室に入った僕は、顔面が麻痺し、言葉を発するのもままならない状態でした。僕たち親子は、片頭痛の診断を受けて痛み緩和の治療を受けるのだろうと予測していました。ところが、僕の症状を聞いた最初の看護師が別の医師を追加で二人つかまえてこようと走りだした時、母は恐ろしい事実を突きつけられました。彼らによると、髄膜炎検査のために緊急で脊椎穿刺をする必要があるとのことでした。髄膜炎は、若者において一刻を争う死因になるものです。医師たちが検査について議論をしている一方で、僕は髄膜炎ではないと心の底から確信していました——このように切羽詰まった状態で脊椎穿刺など時間の無駄です。

医師たちにとってはもどかしいことに、僕は脊椎穿刺をきっぱり拒否しました。そして、脳の基底部のＣＡＴスキャンを受けさせてほしいと主張しました。押し問答を繰り返し、明らかに全員が僕に対して苛立ち、無鉄砲な患者だと考えていました。「訓練を受けたプロは私たちなんですけどね」。看護師の一人が、全員の思いを代弁するように抗議しました。

それでもようやく、ＣＡＴスキャンの指示が出ました。ただし、スキャン結果に問題がなければ脊椎穿刺を受けるという条件付きです。しかし、その針が僕の背中に刺されることはありませんでした。別の医師が駆けつけ、母が膝からくずおれるような知らせを携えてきたからです。医師というのはしばしば、不安を掻きたてるやり方で言葉を発するものです。「緊急治療室で最も注目のケースになるなんて、厄介だな。今日は君がそのケースだ」。そして彼はこう続けました。「脳幹付近に腫瘤が認められた。君を転院させなければいけないが、それよりも脳腫脹が起こっているのが心配だ」

母が過呼吸を起こして倒れ、治療室から連れだされました。僕は車椅子で救急車に乗せられ、一時間離れた病院に移送されました。脳腫瘤と脳腫脹の重症度を測るためのＭＲＩが可能な病院です。そこで顔や手や足を診察用の木製棒で突きまわされた結果、衝撃的な新事実が伝えられました。軽度の脳卒中の兆候があるというのです。ほんの十分間でそうした情報を浴びせられたにもかかわらず、僕はどういうわけか少しの恐怖も感じていませんでした。ただ治療だけを望んでいました。気になったのは、自分が脳卒中を起こした可能性を知ったことではなく、僕の脳幹にあるそのブドウサイズの脳腫瘤の正体です。誰もその答えを知らないようでした。誰から情報を聞きだそうとしても、「我慢して推奨治療を待ってください」と決まりきった返答があるだけでした——それが悪性の場合は化学療法を、良性の場合は簡単な脳外科手術を（！）待つということです。一週間前に鈍痛として始まった症状が、アイスピックで目を突き刺すような痛みに変貌し、内側で何が起こっているかを訴えていました。脳が膨張して頭蓋骨を圧迫していたのです。

正式な診断は水頭症で、良性のくも膜嚢胞が脳室をブロックして、脳脊髄液がうまく流れていないのが原因でした。これが腫脹や部分まひ、その後に起こる諸々の症状を引き起こしていました。そこで緊急の脳外科手術により、嚢胞を吸引して脳脊髄液の流れを促すことになりました。生まれつきあった（そして今になって症状に出た）

腫瘤が髄液を阻み、僕の脳はその阻まれた髄液の中で腫れていたのです。最初の夜は一ミリも動かないように気をつけながら――そして、一連の出来事があっという間に起こったことを不思議に思いながら――過ごすことになりました。

若くして死ぬという現実的な見通しに対して、準備などできるものではありません。僕を含め、人はそうした状況にいかに反応するかについて語ることがあります。しかし実際は、それが自分の身に起こらない限り、どう反応するかなどわからないものです。僕の場合、今回の件に関しては落ち着いていました。過剰反応したところで事態が好転するわけではないとわかっていましたし、最も必要なのは、脳にそれ以上のストレスを与えないことだったからです。

事態をさらに厄介にさせたのは、自分の能力を発見して以来初めて、集中治療病棟に身を置くはめになったことです。病院は霊的な面では最大級に活発な場所なので、僕は何年もそこを避けていました。墓地には幽霊がうようよいると人は考えるようですが、現実はというと、魂は馴染み深い場所に留まる傾向にあります。多くの人は最後の数か月を病院で過ごすため、魂があの世に完全に移行できなければ、おのずとその場に留まるわけです。肉体は墓地に眠るかもしれませんが、その肉体にかつて宿っていた意識は、場所としての墓地になんの繋がりも持ちません。

集中治療室で過ごした最初の晩は、間違いなく最も大変な夜でした。僕はほぼ一時間おきに医師に起こされ、通常の問診と可動テストを受けました。後に知ったところによると、それは僕が昏睡状態に陥っていないかを確認するためのものでした。どんな光や音にも吐き気を感じてしまう消耗性の頭痛は、投薬治療によって若干治まった程度だったので、しっかりと睡眠をとるのは不可能でした。意識のはざまを一晩中行き来しながら、僕は時々、病室の扉のガラス窓の向こう側、廊下の暗がりに立つ男性に気づかずにいられませんでした。最初は看護師か患者だろうと思い、その遠くから見ている人物にあまり注意を払いませんでした。夜更けから早朝にかけては、数時間おきにしか彼を見なくなりました。一時間ごとの問診では、三度に一度くらいの割合でしか遠くにいる彼の人影を見ることはありませんでした。

早朝になると、僕の疲労はピークに達しようとしていました。問診で何度も起こされたことによる疲れだけが原因ではなく、最初は鈍かった痛みが顔じゅうを襲う激しい痛みに変わっていたからです。朦朧とした状態でも忘れがたかったのは、ガラス窓越しに再び出現したあの男性のことです。今度は近づき、窓に片手を押しつけていました。僕のぼんやりした頭では、かなり近づいていたその暗い人影が誰のものかはかりませんでしたが、朦朧とした意識でも、その人影が普通のものではないことはわかりました。

続く四十八時間のうちに僕の状態は緊急措置が必要なほどに悪化し、脊髄液の閉塞物を排出するために、外科医がドリルサイズの切開を試みることが決まりました。脳腫瘤自体が脳幹付近にあったため、外科手術を計画どおりに行うためには細心の注意が必要でした。時間はのろのろと経過し、僕は昼夜の感覚を失いました。時系列を認識させてくれるのは、毎時間の問診と、僕しか気づいていないらしいあの謎の訪問客の姿だけでした。

そのような状態でも、ヴィジョンや印象は波のように押し寄せてきました。それぞれのヴィジョンの正確な詳細は浮かんでは消えていくように思いましたが、ひとつ確かだったのは、僕がどう感じていようとお構いなしに、スピリットたちが交信しようとしてくることです。ガラス窓に手を当てた男性に気づく回数もどんどん増えていきましたが、僕は彼が境界を越えてくることは決してないという事実に安堵していました。

手術当日の朝になる頃には腕を上げることさえ難しく、ましてやガラス窓の向こうの男性について尋ねることなどできない状態でした。そして手術室に入る少し前、意識がはっきりした瞬間に、一連のヴィジョンが続けざまに「ダウンロードされた」ことを思いだしました。最初に浮かんだのは病院の上空からのヴィジョンで、水たまりに反射する光のきらめきに驚きました。僕が入院した時期のカリフォルニアは水不足が続いていて、ずっと晴れていたからです。次の印象は音として浮かんできました――歯医者で飛びかう大きなドリル音のような音です。その瞬間、意識がガラス窓越しの男性の視点にシフトするのを感じました。僕は彼の視点から、自分の痩せた体にチューブが巻かれ、モニターに囲まれているのを視ていました。それが自分であるのはわかりましたが、ひどく異質な感じがしました。そして、自分の肉体がエネルギーを使い果たした感覚に仰天しました。生命力が尽きかけているのがわかったのです。

後に知ったことですが、生死に関わる事態に陥った人の多くがあの世にいる死者からの訪問を受けたと報告するらしく、その訪問者は家族の場合もあれば、面識のない人の場合もあるとのことです。たいていの場合、あの世への移行が近づくと、あの世と繋がる能力が高まります。あの世にいる死者の、この世と繋がる能力も同様です。

死者のスピリットたちは、あの世に移行した時に独りぼっちではなかったと口をそろえて知らせてきます――移行の手助けをする誰かが、必ずいるのだそうです。ガラス窓越しに視えたあの男性も、僕の状態が悪化すれば移行を手助けしようと待っていたのかもしれません。症状が悪化した時、男性はガラス窓に近づき、触れられるほどの距離にいたのです。

僕の血圧が急激に下がり、モニタリング機器がアラーム音を発しました。視界には誰もいません。その瞬間、僕の奥底で何かが変化しました。恐怖心が根こそぎ消えたのです。僕はもう留まろうとしていませんでした。十八歳で死にたくない、自分に与えられたこの美しい人生を去りたくないとは思っていましたが、それと同時に、自分に主導権がないこともわかっていました。僕はただ、闘うのをやめました。心拍数が下がっていくなかで、自分のガイドたちに尋ねたのを覚えています。「なぜ今、連れていこうとしているのですか?」。返事はありませんでした。

間もなく緊急手術に入り、嚢胞が吸引されました。血圧が下がってから手術までの記憶があまりありません。僕は祈りもしなければ、誰かに別れを告げたり最後の言葉を残したりすることもせず、ただその瞬間に生きていました。何も気にならない。緊急事態でもドラマチックでもない。死が終わりだとは思えなかったのです。生命はただ続いていくように感じられました。どんなに言葉を尽くしても、あの満たされた感覚を説明することはできません。他のすべてが取るに足りないことに思われました。万事、問題なし。

そうして手放したにもかかわらず、僕はびくりと目を覚ましました。生きていたのです。最初の感覚は安堵でした。あの頭蓋骨を砕くような絶え間ない痛みがなかったからです。ほんの数秒のように感じられましたが、僕は六時間におよぶ脳外科手術を受け、それが無事に終了していました（しかも、髪を剃る必要さえなかったのです！）。

集中治療室にいる間、他の患者にはほとんど会いませんでした。というのも、そこに入っていたほぼ全員が重篤あるいは鎮静状態で意識がなかったからです。僕自身もひどい状態でしたが、それより遥かに危篤状態にある人たちを見て、自分がどれだけ恵まれているかに気づかされました。その集中治療室においては、僕が誰よりも状態のましな患者だったのです。それだけでなく、僕は家に帰れることを知っていました。同じ階にいる患者たちの多くは、帰宅できるかどうかを知らないばかりか、その希望さえありませんでした。

ある夜のことです。僕は女性のわめき声で目が覚めました。彼女の愛する人、おそらく息子さんがストレッチャーに乗せられ、数人のスタッフによって廊下を急いで運ばれていました。僕と同じ年頃のその青年は、ギャングが関係する騒動で撃たれたのです（夜勤の看護師たちが話すのを漏れ聞いて後に知った話です）。痛ましいことに、延命処置しか選択肢はありませんでした。僕が入院している間ずっと、彼の家族は僕の両親と一緒にロビーで待っていました。

面会時間に母が訪ねてきた時、僕より遥かに状態が悪いその青年のことが話題になりました。彼の状態を話しているとどういうわけか、僕自身の状態から気をそらすことができました。彼の状態が悪化したと聞くと、僕はいつ彼が移行することになるのかを考えずにいられませんでした。彼の家族は、人工的な処置がなければ彼がすぐに息を引き取るという事実を受け入れたうえで、その延命装置を外す決断をしなければならなかったようです。彼の家族が下さなければならない苦しい決断について母と話していると、自分の状態をぼやいていたことが後ろめたく思えました。その日は母が帰ってからも、一晩中眠ることができませんでした。

心の奥底で何かが言いました。人生をやり直すチャンスを得たのだ、と。僕はストレッチャーで廊下を運ばれ、今や空になった病室を通り過ぎた時、あの青年が同じチャンスに恵まれなかったことを知りました。僕が退院したのは雨の降る朝でした。僕にとってはいろいろな意味で、人生が再スタートしているかのようでした。一番はっきりしていたのは、続いていく人生に、僕が祖父として知る唯一の男性はもういないということです。宇宙がその短い期間に多くのメッセージを送ってきているみたいで、そのすべてが大局観を探究する僕の助けになりました。

ほんの数か月前、僕は幼馴染のティムを亡くした悲しみと向き合い始めたところでした。両親が身を寄せて僕の脳スキャン結果を見ようとしていた時、僕の脳裏にティムの顔が浮かびました。重度の閉所恐怖症である僕がＭＲＩ装置に入れられる時、「何も怖くないから大丈夫だよ」というティムの声が聞こえた気がしました。次に何が起こるかわからないという恐怖心——ティムはそれを、生涯にわたって経験していたのです。それに気づいたこと自体が、一生分に値するほどの広い視野を僕に与えてくれました。

それよりもっと深いレベルで、僕の臨死体験は、自分の歩んでいる道が正しいことを立証してくれました。息子の死に直面した、あの母親が気持ちの整理をつけるために僕にできることがあるとすれば、それは目的意識を持って心から人生をまっとうすることだと思います。僕は自分の両親が息子との別れの可能性に向き合おうとしているのを目の当たりにし、死なずして限りなく死に近づく経験をしたように思いました。僕はそれまでにもあの世の人たちとコミュニケーションをしていたので、死に近づくのがどういうことなのかを知っている気になっていました。生まれつきあった嚢胞が脳内を閉塞させるほどのサイズに増大したのは、僕の視野を広げるためのベストタイミングだったのだと思います。

その後、それまでに交信してきた死者たちが移行前に何を経験したのか、より明確に理解できました。さらに重要なことですが、人が喪失や死や悲嘆のプロセスに直面した時にどう対処していくのかということを、僕は実体験を通して学びました。臨死体験をして、生命とその存続についてのより深い理解を得ることができたのです。

4

ハンフォードから
ハリウッドへ

数年のうちにリーディングの回数がどんどん増えていき、自分の人生や将来について、どうしていくか決めなければならなくなってきました。学校のない日に従事する副業的な道として始まったものが、フルタイムの仕事になる可能性が出てきたのです。学業の合間にリーディングをしていると、一日の時間が足りません。どれほど調整しても、両立するのはあやうい綱渡りのようなものでした。それでもやはりフルタイムのミディアムとして働くのは大きな挑戦で、そこには深刻な問題もありました。

★

その頃になると、僕は一流のミディアムの実情を理解するようになっていました。彼らのライフスタイルやそれに付随する難題についても知っていました。自分の能力が合格レベルに達していることもわかっていて、大きなグループリーディングをこなす自信もあり、大勢の前でそれを行うストレスはあるにしても、スムーズに繋がることができていました。

そうは言ってもミディアムという仕事は特殊で、他の業種とは異なる義務や期待をともなうものです。たとえば、好評も不評も含め、世間一般の人からのあらゆる種類の意見にさらされることになります。ミディアムの世界で成功するということは、マスコミ、知名度、露出、そして当然のことながら、詮索されるということを引き受けてキャリアを積むことを意味します。ジョン・エドワード〔訳注／二〇〇〇年代初期にアメリカで活躍していたサイキック〕は事実検証を執拗に追求してリーディングを行いますが、僕が彼ほど造作もなくリーディングを行えるかというと、そこまで自信が持てない気がしました。僕のような立場にいる人なら誰しも、学校に通い、普通に就職して、副業でリーディングをしながら穏やかな人生を歩むのが、最も分別ある道だと考えるでしょう。

しかし、僕はこの能力を脇に押しやるべきではないとわかっていました。僕がわかっていなかったのは、自分がほんの短期間で人見知りを克服できるという未来でした――ただ必要に迫られてのことでしたが。当時、リーディングをしていない時の僕は、自分を主張する必要に迫られていませんでした。一日おきにカレッジに通っていましたが、講義中はノートを取るだけで、ほとんど質問などはしませんでした。質問がなかったからではなく、発言するタイミングだと思ったことがなかったからです。

それは高校時代からの古い癖でした。その頃いじめを受けていた僕は、内気な態度が癖になっていたのです。その経験は、少し心の傷になっていました――誰だってそうなるのではないかと思います。当時の僕は、そうしたいじめの経験から立ち直ろう、自尊心を取り戻そうとしていました。将来に対して葛藤をおぼえていた要因はそこにあり、ホスピスでの看護師の仕事が物足りないという意味ではありません。なにしろ僕の周囲には、看護師の仕事に大きな情熱と献身を示し、心からの使命感を抱いている看護師志望者がたくさんいましたから。

ただ、それが自分の使命だとは思えなかったというだけです。

人生とは皮肉なものです――僕は他人の人生に関しては並外れた洞察力があるというのに、自分の将来に関しては何も見通せない気がしていました。自分の三倍も年上の大人たちからガイダンスを伝えてくれと頼まれる立場でありながら、自分自身の人生の方向性を定めるのに苦労していたのです。そのギャップに、もどかしい思いがありました。新入生でひしめくカレッジの教室で、人生のガイダンスを求めていたのは決して僕だけではありません。そうした悩みはサイキック特有のものではなく、世界共通のものだからです。しかし、僕はあらゆる答えを知っていると期待されていたので、それが余計な重荷になっていました。

僕たちは皆、将来を決めること、生涯の仕事に繋がる専攻を選ぶことに尻込みしていました。間違った選択をしたらどうしよう？　そうしたストレスがあるだけで、どんなに優秀な学生でも自分の選択を疑問視してしまうものです。僕の場合、授業とリーディングで一日がほとんど終わってしまうので、内面の葛藤をおさめるのが余計に大変でした。現実的に考えて、両立を続けていると結果的に成績にもリーディングにも悪影響があるのはわかっていました。でも僕はまだどちらも諦めきれず、すぐに決断することもできませんでした。

勉強はリーディングの合間にしようと思い、授業中にノートも取らず、気づけばクライアントからのメールに返信しているということもありました。カレッジにいない時はほぼ毎時間、リーディングをしたり、そのリーディングについて考えたりしていました。増えてくる依頼に対応するひとつの解決法として、スケジュール調整をしてくれるアシスタントを雇おうかと考えたほどです。誰かを雇うというステップは大きな責任をともなううえに、僕自身が苦労しているタスクを誰かに任せることを意味していました。

僕の仕事に関する噂はすべて口コミによるものでしたが、どういうわけか世界中からリーディング依頼のメールが届きました。大切な人を失った、絶望しているといった相談を詳細に綴ったメールもあれば、いつどこでリーディングを受けられるのかという問い合わせのみのメールもありました。驚いたことに、愛する故人の写真を同封し、その人が死後の世界で平穏に過ごしていることを確認したいからリーディングしてほしい、と懇願する依頼も定期的に届きました。こうした悲劇的な話や必死の懇願が絶え間なく押し寄せてくると、対応するのが難しくなりました。一度返信すると、その後に倍のやりとりが続くといった具合なので、悲嘆に暮れる依頼者たち全員に返信できなくて罪悪感をおぼえました。

それでも僕は最善を尽くしました。週末には母に運転してもらって定期的に南カリフォルニアに通い、ＬＡ在住のクライアントのリーディングを行いました。十六歳の誕生日は過ぎていましたが、自分で運転免許を取得する気にはなれませんでした。母と車中で過ごす時間が楽しかったので、運転してもらったほうが都合がよいという理由も最初はありました。しかし、やがて僕は気づきました。リーディングに向かう道中で直観的ヴィジョンや感覚が降りてくるのです。自分で運転してリーディング場所に向かえば、注意がそれてしまう危険がありました。そうなるとクライアントにも迷惑がかかりますし、その前に他のドライバーたちにとんでもなく迷惑でしょう！

ＬＡに行ったある週末のこと、以前に紹介されていたマネージャーが、タレントのオーディションがあると声をかけてくれました。最初は、オーディション参加などありえないと思いました。役者になるつもりなどないし、当時はまだハキハキと話すタイプでもなく、歌の才能はというと、シャワーを浴びている時にしか披露できないレベルでした。退屈したハリウッド関係者たちの前でステージに立って自分の能力を披露するなど、どうにも気が進みません。ひっそりとリーディングを行うほうが好きでした。それに、オーディションに参加するミディアムは自分だけで、もっと普通のクリエイティブな才能がある人たちに混ざることになるのです――笑われてステージから降りることにならないだろうか？

ところが、オーディションの日の朝に目が覚めると、行って試すだけでいいからやってみろ、と心の奥底から駆りたてるような思いが湧いてきました。その感覚は、僕の不安や人見知りを凌ぐほど強いものでした。なぜか、そこに行くべきだと思ったのです。僕は自分の疑念をぐっと抑えて満員のシアターの入り口をくぐり、オーディションの参加者リストに名前を書きました。薄暗い会場で、およそ六十の観客席が見え、驚いたことに（そして心外なことに）ほぼ全席がエージェントやマネージャーで埋まっていました。全員がクリップボードを手にし、各参加者についてメモを取っています。

僕は舞台裏に座り、役者が次から次へと一人芝居を演じるのを見ていました。ミュージシャンの卵、子役、詩人などもいて、全員が明らかに一か八かのチャンスに賭け、それぞれの才能を精いっぱい披露しています——自分の人生を永久に変えてくれるかもしれないエージェントに見てもらう、大きなチャンスなのです。僕は彼らの情熱に感服しましたが、自分にはそれほどのものがありませんでした。正直に言うと、早く終わってほしいと思っていました。エージェントは探していませんでしたし、フルタイムでマネージャーを雇うのは時期尚早だと思っていたからです。僕に必要なのは、スケジュール調整を手伝ってくれる人だけでした。

それでも、脅威を感じさせるこの聴衆を相手に自分の能力を示す、せっかくのチャンスを利用してもいいではないかと思いました。どう見ても、彼らは疑っています。おそらく退屈し、どうせがっかりさせられると思っているのでしょう。店で僕がリーディングしなれている熱心な支持者とは真逆です。でも僕は、リスクを厭わずに挑戦すると最も大きな学びが得られることを知っていました。

自分の番になり、僕は勇気を奮い起こして舞台にあがりました。目にライトを浴びて、聴衆がはっきり見えません。誰かがブツブツ何か言っているのが聞こえます。もうその時点で、自分の慣れ親しんだ状況とは大違いだと感じました。

「タイラー・ヘンリーです。カリフォルニア州ハンフォードから来ました。僕はミディアムです」。僕がそう言うと、聴衆席の暗い片隅から男性の声が聞こえました。「君のシャツがMサイズ《ミディアム》だなんて、誰も興味ないぞ？」

僕はそのやじを笑って受け流し、自分は霊視能力者《クレアボヤント》で、あの世にいるスピリットからメッセージを受け取るのだと説明しました。ありがたいことにちょうどその瞬間、メッセージが現れました。聴衆席の右側の暗がりで、ピンク色がきらりと光ったのです。女性の存在を象徴するサインです。不安な思いでそのわずかな手がかりに集中すると、その場に似つかわしくないイメージで頭がいっぱいになりました――ヴァージニア州のようです。地理が苦手だった僕がそれをヴァージニア州と認識できたのは小さな奇跡でした。

僕は聴衆に向かって、強い母親のような人物像が浮かんでいる、彼女は「ヴァージニア」について言及している、と言いました。すぐに、ハスキーな声で南部出身の女性が名乗り出ました。「おばがヴァージニアという名前で、私の母は他界しているわ」。僕は聴衆の中から彼女を見つけて目を合わせると、メッセージが彼女宛てのものだと確信しました。他にイメージが浮かぶのを待ちながら、僕は落ち着きなく舞台を行きつ戻りつしました。

するると、胸骨の下の方から悲痛なほどの圧迫感が生じてきました。思わず手で胸を押さえます。驚きを見せないように気をつけながら、僕は聴衆の女性に説明しました。「彼女が僕にこの胸骨のあたりを撫でさせようとしています。ここに注意を向けさせています」。そこで僕は間をおきました。

次に、頭の片隅にリボンのイメージが閃きました。僕にとってそのシンボルは、癌を意味しています。慎重に言葉を選び、僕は続けました。「彼女は健康に関することを言いたいようです。あなたがそれを経験する間、彼女がそばにいると言っています」

聴衆の中の女性がゆっくりと恥ずかしそうに微笑み、目尻にしわが寄りました。彼女がシャツの襟をさげ、化学療法のポートがあらわになりました。ステージ4の膵臓がんを治療する時のためのポートだそうです。彼女の示した、たったひとつの行為に一同はハッと息をのみ、小声で話をかわしました。

他の聴衆からも次々と質問が飛びだし、イメージもどんどん降りてくるようになりました。何人かのエージェントやマネージャーにも、それぞれの愛する故人からのメッセージを直接伝えることができました。ひとたびイメージの浮かぶ速度が増すと、そのインパクトに対処する余裕もありません。もう全力でメッセージを伝えるのみです。一部の斜に構えたエージェントは、何か仕掛けがあるはずだと疑念を持っていたように見えましたが、それもすぐに驚きに変わりました。ただ、数々の質問を受けたにもかかわらず、僕の代理人やマネージャーをやりたがる人はいませんでした。皆、好奇心を抱いただけだったのです。たった一人、後方に座っていた背の高い年配男性が、静かに見守っていました。

僕は舞台をおりて裏口を抜け、そこで起こったことをまだ反芻していました。頭の中ではイメージの残像がざわついています。僕は結局、一時間近く舞台に立っていました。聴衆の関心を引くことはできましたが、終わってから話をしたいと申し出るエージェントはいませんでした。あまりにも変わり種だったので、彼らの多くは僕をどう扱っていいのかわからなかったのでしょう。彼らが見慣れているのは役者です。エージェントの多くは、ミディアムというものを相手にさえしていない印象を受けました。少なくとも、僕がリーディングを「披露」するまでは……。そもそも彼らは、僕の能力を表す単語すら知らなかったのです。

違う反応を見せたのは一人だけでした。僕が一息つこうと通りをぶらついていると、聴衆の中で静かに見守っていたあの男性に会いました。彼は名刺を差しだし、ロンと名乗りました。広報と個人マネージャーの仕事をしているらしく、四十年にわたるキャリアで何人もの役者やミュージシャンのみならず、プロのサイキック数人の代理人を務めたこともあると言います。彼は僕に、マネージャーを雇うつもりはあるのか、長期的な将来の目標は何かと訊いてきました。

僕はスケジュール調整をしてくれる人が必要なだけだと答えました。するとロンはにっこり笑い、スケジュール調整以外にもできることがあると言いました。ロンから一度ミーティングをしようと熱心に勧められ、気づけば僕は、彼の友人や業界の人たちに紹介されるようになっていました。一度ミーティングを、という話だったのがいつの間にやら毎週末のミーティングになり、ロンに加え、僕の知らない人たちまでもリーディングのために集まるようになっていたのです。口コミが広がり、僕のマネージャーとなったロンは、スケジュール調整という負担を僕から取り除くだけでなく、僕の人生を一変させることになる人たち——それも、奇跡的ともいえる短期間で——に僕を紹介してくれました。

最初の数週間、僕は『デイズ・オブ・アワ・ライヴス』〔訳注／アメリカの人気ドラマ〕の出演者から映画界の重鎮まで、あらゆるジャンルの人たちのリーディングを行いました。自分の内気な性格が消えていくのを感じました。「相手が有名人だとちょっと緊張する」とロンに打ち明けると、彼は「あの人たちの大半が君のほうに緊張しているんだよ!」と言いました。確かに、映画会社の裕福な社長であれ、やる気みなぎる若手俳優であれ、リーディング相手は故人との繋がりを求める人間でしかありません。僕はメッセージを解釈するスキルだけでなく、それらを繊細に伝えるスキルも上達させました。大切な人を失ったことがある人なら誰でも、あの世と繋がる経験には感情を大きく揺さぶられるものです。クライアントの多くは、そうした脆い一面を人に見せることに慣れていませんでした。

ＬＡ、特にハリウッドでの依頼が増えるにつれ、僕はハンフォードに帰り着いて息抜きをすることに安らぎを見いだすようになりました。仕事と学業の合間に緊張をほぐす時間を作るのはほぼ不可能で、僕は一学期間、休学することに決めました。休学期間のスケジュール調整はロンがしてくれました。あっという間にリーディング予約で埋まり、気がつくと僕は一日に二件から、多い日では八件ものリーディングを行っていました。一回のリーディングには四十五分から九十分かかります。山のような仕事量ですが、僕はユニークなライフスタイルを送るユニークな人たちを相手に、刺激的な環境で働けることを楽しんでいました。

そのユニークな人たちの一人であるマイケルに紹介されたのは、ビバリー・ヒルズでのクリスマスパーティでのことでした。売れっ子プロデューサーでテレビタレントでもあるマイケルは、奇遇にもミディアムとの番組制作に関心を持っていました。彼に唯一不足していたのは、適任のミディアムだったのです。マイケルからリーディングのために今度会わないかと提案され、ロンが翌週末に日程調整をしてくれました。

最初はほとんど期待していませんでした――ハリウッドで仕事をしていると、いわゆる儲け話をたくさん聞くからです。しかし当日になると、僕はどこか幸先のいい雰囲気を感じました。その日はマイケルに会う前に、別のクライアントとのリーディング予定がありました。そのクライアントが住む歴史的なアパートメントの階段をあがったところで、僕は不気味なほどに見覚えのある場所にいる気がしました。格子縞模様のタイルが敷かれた広大な屋上に立つと、端にピラミッド型のオブジェがふたつありますす。背中に寒気が走りました。これはデジャヴどころではない。信じがたいかもしれませんが、僕は子どもの頃に繰り返し見た夢の中でその光景を見たことがありました……確かに、夢の中でふたつのピラミッドにはさまれて、ここまったく同じ格子縞模様の屋上に立ったことがあるのです。子どもだった僕は、その夢が直観から来るものだとは思ってもいませんでした。僕も他の人と同じく、奇妙で脈絡のない夢を見るからです。しかし、あの夢とその場所の類似性は否定しようがありませんでした。

僕がその夢のことを話していると、クライアントが話を遮ってこう言いました。「シンクロニシティだね」

それはまだ僕にとって馴染みのない概念でしたが、クライアントの言うとおりでした——ちょうど僕の状況を表していたからです。シンクロニシティとは偶然の一致と似たような出来事を指し、本人のガイドや愛する故人からのメッセージ的役割を果たします。一見するとたまたま起こったかのような思いがけない偶然の瞬間が、人生の方向性を永遠に変えるきっかけになるのです。その格子縞模様の屋上を辞してマイケルのところに向かった午後、何か重要なことが起こりつつあるのは明らかでした。

マイケルはローレル・キャニオンにある邸宅に住んでいました。僕はそこでロンと父に合流しました（ミーティングではビジネスの話もするため、父にも同席してもらったのです）。父がそこまで対応してくれるようになったことを、僕は誇らしく思っていました。僕がミディアムとして全速力で走りだしてからまだ一年しか経っていなかったことを考えると、父はかなりうまく適応していたと思います。ほんの短期間で、息子のさまざまな面を受け入れてくれたのです。僕はいまだに、父はこの一連の流れをどう思っていたのだろうと考えることがあります。

マイケルのリーディングはとても感情を揺さぶられるものになりました。それが終わると、マイケルは僕たちにビジネスパートナーを紹介しました。一同はテーブルを囲み、僕のビジネスを拡大させるアイデア、たとえばテレビ番組に売りこむことについての議論を交わしました。現在では珍しくないアイデアに思われるかもしれませんが、当時はそんな番組は存在せず、同類のものが過去に放送されたのも何年も前のことでした。マイケルと彼のパートナーは、僕の個人リーディングの一部を撮影するといった企画案を出しました。その日一番驚いたのは、父が勢いよく発言したことです。

父は、噂に聞いている僕のリーディングを実際に見てみたいと打ち明けたのです。僕にとっては、とても嬉しいことでした！

長年隠していた僕の能力について、皆が当たり前のように議論しているのを見ると、大きな安堵感をおぼえました。それがその日の一番の記憶です。マイケルが家に「業界人」や友人たちを招いて大規模なグループリーディングをしようと提案した時、僕は戸惑いすら見せませんでした。たった数か月で、急激な変化を経験していたからです。僕は以前の生活とは徹底的に異なるライフスタイルに馴染みつつある自分に気づきました。

そのグループリーディングは数週間後に行われました。両親の運転で曲がりくねった丘をのぼり、ＬＡを見晴らせる閑静な住宅街に向かいました。覚えているのは、ノート一冊を持参し、ぶかぶかのブレザーを着ていたことです。自信満々に見せたかったのでしょう。リーディングを行ううえでの条件は、事前に参加者と顔を合わさないように別室を用意してもらうことでした。誰のリーディングをする予定かを知らない状態で挑みたかったからです。

その頃になると、リーディング前にクライアントのことを何も知らされない状態に

慣れてきていました。それは僕が要望したことで、クライアントの疑いが軽減される
だけでなく（事前にクライアントについて「調べる」ことができないからです）、僕
のほうにも気まずい世間話をしなくてすむという利点がありました。僕は社交が苦手
だったので、リーディング前に相手と触れあうことも望んでいませんでした。それに、
相手に関する事前情報がないほうが先入観なしにリーディングを行えますし、自分の
直観的な感覚に対する信頼も増します。

邸宅のリーディング部屋に案内されると、参加者があまりの大人数なので驚きまし
た――想像していた人数を遥かに上回っています。年齢層も（僕が見たところ）職業
もさまざまな老若男女が集まり、あの世からのメッセージを心待ちにしていました。
少なくとも最初は、信じている度合いもさまざまだったように思います。

僕がリーディングの手順を説明すると、熱心に聞いている人もいれば、さっさと始
めてほしそうにしている人もいました。残念ですが、たとえそうしたくても、僕には
さっさと始めることができません。手順を説明することは、繋がるうえでの大事な要
素なのです。第一、降りてきたメッセージの内容をその受け取り手が理解できなければ、
伝えたところでなんの意味があるでしょう？　このような理由から、僕は自分の「第

六感」が他の五感を通して働くという点を必ず説明することにしています。たとえるなら僕は、直観が鋭いブラッドハウンド犬のようなものです。つまり、確かな手がかりを見つけたと感じたら、それをひたすら追跡するのです――伝えている間に、他の感覚が追加で降りてくるのを待ちながら。

僕は聴衆を見渡し、誰から始まるのか見定めようとしました。すると、数々の印象が怒涛のごとく降りてきました。肺がんを患ったおばあさんのヴィジョンが、前列に座るひとりの女性の辺りを示しています。そちらのほうに注意を引きつけられた途端、まったく別の方向から犬、もっと言うとピットブルのエネルギーが感じられました（動物からの印象を受け取ることはしょっちゅうです！）。リーディングを始めてほんの数秒で、僕はすでに情報過多な状態にありました。それぞれのイメージを落ち着いて受け取りながら、情報をまとめます。

先ほどの肺がんを患ったおばあさんは僕の目の前の女性と繋がっていることがわかりましたが、ピットブルのほうに関しては誰も名乗りをあげず、僕は十分間しつこく犬の話を続けました。好きでそうしたわけではありません――どうしてもその飼い主を見つけたいという思いに駆られたのもありますが、一度浮かんだ印象が相手に伝わらない限り、次の新しい印象を受け取るのが難しいのです。たいていは、メッセージを受け取るべき人にそれが伝わると、そのメッセージを発信した魂は僕の頭の片隅から退いて、次の魂に順番を譲ります（リーディングの様子を見てもらえれば、僕がクライアントが腑に落ちた情報にはあまり注目せず、そうでない情報に注目していることにお気づきいただけるでしょう。それにはこうした理由があるのです。後で親戚に確認してみることを勧めることさえありますが、それは、その場で腑に落ちない情報が最も意味深いメッセージだったと判明することがよくあるからです！）。

僕は聴衆を見渡しながら、目に涙を浮かべている黒髪の女の子のほうに行きました。他の人のリーディングを聞きながら泣いていたのです。彼女は明瞭なイギリス英語でチャーリーと名乗りました。

すると、間髪をいれずチャーリーの祖母だという女性が現れ、トラウマ的な出来事によって急に関係が断たれたことを示すヴィジョンを送ってきました。彼女の祖母はシンボルを通して血管が破裂したことを伝え、彼女の化粧に言及するようなジェスチャーをしました。一番強く伝わってきたのは孫への深い愛情で、それは時空を超えていました。チャーリーの感情が手に取るようにわかります。チャーリーによると、彼女は愛する祖母が目の前で予期せず亡くなるのを見たそうです。祖母と化粧について話をしたすぐ後のことでした。孫がメッセージ内容を確証すると、祖母のスピリットが明るい光を放ちました。伝えたメッセージが役割をまっとうする瞬間です。

そのおばあさんはすばらしい交信相手でしたが、チャーリーもまた、僕が出会った誰よりもすばらしいエネルギーを放っていました。後に気づいたことですが、チャーリーの近くにいるだけで、僕の受信力が広がってオープンになるのです。チャーリーの精神性や考え方は、スピリチュアリティの発電所のようでした……やがてその精神性や考え方は、一連のシンクロニシティに導かれて、僕の未来のアシスタントという役割において完璧な能力を発揮させることになります。

しかし、それは未来の話です。彼女の優しい祖母の存在感が薄れていく一方で、人々に伝えるべきメッセージがまだ他にもありました。三時間におよぶグループリーディングを終える頃になると、僕は充実感をおぼえながらも疲労困憊していました。のべ三十人以上にメッセージを伝えていたのです。しかし、その日に華を添えてくれたのは、聴衆の中で静かに座っていた若い広報関係者から閉会後に得られた確証でした。彼女はリーディングが終わってから僕を脇へ連れだし、リーディング中に確証を与えなかったことを謝りました。彼女は前日、飼っていたピットブルを安楽死させたばかりでした。まだつらすぎて、リーディング中に発言することができなかったのです。僕はメッセージが正確だったと知って安心し、その犬がようやく飼い主と繋がれたことを嬉しく思いました。

この一件に限らずこうした問題は、グループリーディングを行う際によく直面するものでもありました。参加者全員に心構えができていて、人前で発言できるとは限らないからです。その場で誰も名乗りをあげないのに、僕がひとつの印象をしつこく訴え続けていると聴衆は困惑します。とはいえ、その印象は確証を得られるまで僕の頭から離れようとしないので、追加のメッセージが入ってくる余地もなくなってしまいます。それが難点でしたが、どんな仕事にも難点はつきものです。僕はいつも確証が得られるわけではないことを受け入れ、それを踏まえてどうリーディングを進めていくかを考えなければなりませんでした。

その後の数か月、僕はマイケル宅でグループリーディングを続けました。やがて、僕が次から次へと自分の能力を立証していくこのリーディングの様子が撮影されました。そしてそのビデオが然るべき人たちに配られ、その記念すべき年の最後に、僕はある電話を受け取ったのです。僕の人生と仕事を記録するリアリティショーを撮りたいという、テレビ局からの依頼でした！　ミディアムとして生計を立てるつもりなら、これは願ってもない大きなチャンスです。その後に続く旅路は何をしたところで準備にならないほど壮大なものでしたが、僕はこの上なく準備万端だと感じていました！

僕はどこに導かれようとも、自分の能力を分かちあうことが自分の魂の目的だといつも確信していました。自分の情熱を貫くために他のすべての道を捨てましたが、今のところ完璧に進んでいます。次から次へとシンクロニシティが起こり、僕の直観とガイドたちが進むべき方向をいつも指し示してくれているように思います。もちろん、人生で出会うべくして出会った人たちも、僕が正しい道に進んでこられた大きな要因です。そこで直観がしっかり役割を果たしたこともまた、確かです。僕は、誰を信頼し、誰を信頼すべきでないかを見定めてきました。人生が予期せぬ方向に転換する時は、直観が、たとえどんな状況であれ信頼できる内なるコンパスだったのです。リーディングをしていない時の僕は、日々欠かさず、直観を信頼する練習をしていました。

正直に言うと、最近では、直観が示すことに逆らうのが少し怖いくらいです。勘を無視した時は必ず、その代償を払わされた気持ちになります。ガイドは僕の思いどおりにではなく、向こうのやり方で現れます。そして彼らはしばしば、謙虚な気持ちにさせてくれる経験に僕を導き、大切なレッスンを教えてくれます。

ひとつ例を挙げましょう。ＬＡからハンフォードに帰る電車の駅に、遅れて到着した時のことです。僕は切符売り場の列が出入口のところまで延々と続いているのを見て愕然としました。その電車には何度も乗車したことがあり、八ドルの乗車券を買う必要があったのですが、過去に係員が乗車券を点検するのを一度も見たことがありませんでした。そこで乗車券を買わずに混み合う電車に足を踏み入れたその時、乗車券のヴィジョンが、頭上で号車案内の表示が点滅するヴィジョンとともに視えました。僕はたちまち気分が重くなりました。そして、自分の乗りこんだ号車が、乗車券に関する何かを示していたそのヴィジョンの場所かどうかを確認しようと思いつきました。ヴィジョンの号車を避けさえすれば、無事に家に帰り着けると考えたのです。

　僕はゆっくりと人混みをかき分けて一番近くの号車案内表示のところに行き、つい先ほど視た予感の中に迂闊にも足を踏み入れていたことを知って落胆しました。そこへパトロールのいかめしい警官二人が、警察犬を連れて車内の通路に乗りこんできました。彼らは大声で、全員の乗車券を点検するので席につくようにと指示しました。

八ドルの乗車券を買わなかったばっかりに、僕は『史上最悪の地球の歩き方』〔訳注／海外での悪夢体験をドキュメンタリー方式で再現するナショナル・ジオグラフィックのドラマシリーズ〕のエピソードに紛れこんでしまった気分でした。汗だくになりながら、運命の瞬間を待ちます。年上のほうの警官が近づいてきた時、僕は財布を開けました。すると、内側に前回の乗車券が入っていました。僕は震える手で、そのくしゃくしゃになった乗車券を手渡しました。最初に嫌な予感がした時に降りればよかった、とどれだけ願ったことでしょう。警官がその乗車券を調べている間、頭の中で「だから言ったのに！」という声が聞こえてなりませんでした。少し離れたところで、もう一人の警官が無賃乗車した乗客を叱責するのが聞こえます。どうやら、彼らが乗車券を点検する時は手加減なしのようです。ところが、僕の古い乗車券を渡された警官はどういうわけか、それが無効であることに気づきませんでした。僕は「もう二度としません！」と思いました。

僕はこの経験をガイドからの教えだと解釈し、自分に関係するヴィジョンが浮かんだ時は注意を払うべきだと学びました。僕はクライアントに関するヴィジョンを伝える時は確信しているくせに、自分のこととなると痛い目に遭うまでわからない、生意気なティーンエージャーだったのです。何が視えたにせよ、その警告を進んで聞き入れて初めてヴィジョンは役に立つのだとわかりました。

こうした警告や強烈な直観は、故郷の小さな街から大都会に引っ越した時にも必要不可欠なものとなりました。ＬＡにはリーディングのために何度も通っていましたが、新しく見つけたアパートメントにはまだ慣れていませんでした。引っ越しの当日、僕は家族に手伝ってもらい、実家から自分の荷物を新居に移すことになりました。ＬＡに向かって車を飛ばしていた時、僕は運転席の母の隣の助手席でウトウトしていました。

目を休ませながら睡魔に襲われていたその時、一番右側に車線変更するべきだとはっきり感じました。急に目を覚ました僕は胸をドキドキさせながら、すぐに右側に車線変更したほうがいい、理由は後から説明すると母に言いました。結局、その説明は不要でした——前を走っていた車がルーフに積んでいた木製のテーブルが落ちて、こちらに飛んできたのです。母はぎりぎりのタイミングで車線変更できましたが、そうでなければ、テーブルは僕たちの車のフロントガラスを直撃していたことでしょう。今でも、直観に従う重要性を思いださせてくれる教訓として、あの日の出来事は我が家で語り継がれています——僕の直観に従ったおかげで、家族全員の悲劇を間一髪で避けることができたと。

直観が役立ったのと同じくらい、ＬＡでの新生活に慣れるまでには災難もありました。一人暮らしを始めて最初の一週間は、いろいろなことに気づかされました。手伝ってくれる母がいないと、自分は食洗機の使い方さえわからない役立たずなのだと思い知らされもしました。そんなある夜のこと、僕は自立生活を祝いたくて、夜遅くにピザの配達を頼むことにしました。四十五分ソワソワと待った後、正面玄関を開けて配達人が見えないかと廊下に出ました。その時、その音が聞こえました――カチャリ。のです。

僕は振り返って呆然とドアノブを見つめました。ドアが閉まって自動ロックされたのです。鍵を探そうとポケットのある位置に手を伸ばし、自分がポケットのついていないローブを羽織ったまま部屋から締めだされた事実にハッと気づきました。そうこうしているうちに、ピザの配達人が玄関に来てしまいます。僕の部屋は通りに面した一階ではなかったので、バルコニーから入るしかありません。それには壁をよじのぼって植木を突破し、裏側の鍵のかかっていないドアから侵入する必要がありました。

ハリウッドの華やかな生活を送っているはずの僕は、夜の十一時に恥をかなぐり捨てて自分の部屋に押し入るはめになりました。しかしそんな醜態も、配達人が到着するまでのことでした。ちょうど部屋の外の茂みに引っかかっていた時、配達人が歩道を進んでロビーに近づいてきたのです。僕は無我夢中で茂みと闘い、負けそうになっていました。葉のこすれる音を聞いた配達人がこちらを見た時、僕には憮然としてこう言うしかありませんでした。「すぐに行きます！」

変わり者の多いハリウッドですから、それは彼があの夜のシフト中に目撃した最も奇妙な光景ではなかったかもしれません。とはいえ、力を振り絞って中庭のエントランスに向かった僕は、彼と目を合わすこともできませんでした。

僕はすぐに、自分が慣れ親しんでいた生活とLAでの生活がどれだけ違うかを理解するようになりました。LAではすべてが目まぐるしく起こります。自分では準備万端だと思っていたにもかかわらず、僕は生活がそんなに急変することを予想もできていませんでした。テレビのリアリティショーを撮影するということに必然的に何がともなうのか、よくわからないままに僕は自分が知っていること、つまりリーディングを忠実にこなすことに専念しました。

どこで誰をリーディングするのかを知らされていない状態でいることは、諸刃の剣であることが判明しました。自分がリーディングを行う環境を知らないというのは、最初から自分の直観を信頼するしかないという点で有益です。その一方で、そうした予想できない状態でいきなり現場に立たされると、自分の社交不安症と向き合わざるをえなくなりました。

仕事を始めて二日目のことです。僕は車でカラバサスの住宅地に連れていかれ、クライアントがリーディングを望んでいるとだけ聞かされました。プロデューサーによるとそのリーディングを撮影するとのことでしたが、なんのための撮影かは誰も教えてくれませんでした。有名人のリーディングの撮影は四本ほどしか経験していなかったので、それはまだ僕にとって新しい領域でした。

僕たちはゲーテッド・コミュニティを進み、地中海風の大きな邸宅の扉に向かいました。エレガントな私道を一歩一歩進みながら、僕はその扉口に現れる人物のことを、オプラ・ウィンフリーだろうか、スティーヴィー・ニックスだろうか、といろいろ想像していました。その後、番組でクライアントを訪ねる時は、扉口に現れる人物を想像するのがお決まりになりました。自分が誰の家に向かっているのかわからないのですから、扉の向こうにいるのは誰だってありえるのです。

扉をノックして応答を待ちながら、胃がぎゅっと縮まるのがわかりました。ノックしてからクライアントが登場するまでの瞬間は、僕の仕事のうちでも一番神経が張りつめる瞬間のひとつです。それこそ、誰が現れてもおかしくないからです。

その日、扉がさっと開いて現れたのは、鮮やかなリップスティックが印象的な、見覚えのある有名人、クロエ・カーダシアンでした。僕は何が起こっているのかわからないままに、扉を抜けて中に入りました。彼女の後ろにはカメラクルーがいて、僕の一挙手一投足を撮影しています。ヘッドライトに照らされた鹿の気分です。

一同はぞろぞろと廊下を進み、クロエがリビングルームに案内してくれました。ソファに優雅な姉妹、コートニーとキムが座っています。二人もリーディングに参加するようです。その瞬間、僕はその撮影が自分の番組のためのものではないことに気づきました。なんと、僕は知らぬ間に『カーダシアン家のお騒がせセレブライフ』〔訳注／二〇〇七～二〇二一年に放映されたアメリカの人気リアリティショー〕に出演することになっていたのです。テレビの仕事を始めて二日目だというのに、なんという登竜門でしょう！

その時は現実に起こっていることとは思えず、出来事の重大性をちゃんと把握できていませんでした。その番組を欠かさず観ていたわけではないのですが、あれほど有名な番組に出演させてもらう機会に恵まれたことに、身が引き締まる思いでした。番組に出演することで、ミディアムシップというジャンルにあまり馴染みがない視聴者にも僕の仕事を理解してもらえたらいいなとも思いました。

番組が放映されると、僕はすぐに、自分がたちまちにして有名人になったことに気づかされました。その後に受けたインタビューでは同番組のことをほぼ毎回訊かれ、数か月経っても話題にされました。番組では、直観で受け取ったアドバイスと邸宅に関して降りてきた印象をいくつか伝えましたが、実際のところ、まだ本格的に始まってもいないという気分のまま撮影は終わってしまいました。その時は初対面で緊張して遠慮がちになっていたので、後に僕自身の冠番組の第二シーズンにクロエと彼女の母親のクリスを迎え、初回で受け取った印象を詳しく伝えることができた時には感激しました。僕は自己肯定感を高めるという個人的成長を、その短期間でかつてないほどに遂げている自分に気がつきました。どんなに緊張する状況でも切り抜けられることを、僕は自分自身に証明したのです。

自分の番組の撮影には慣れてきたものの、次に何が起こるかは全然予想がつきませんでした。カメラクルーを従えたリーディングに慣れるのは大変でしたが、一番気になったのは、リーディングが放映された時に視聴者がどう反応するかということです。番組タイトルが『ハリウッド・ミディアム（原題 *"Hollywood Medium with Tyler Henry"*）』になるということは、僕の実際のクライアントのほんの一部、つまり正真正銘の有名人のリーディングにしか注目が集まらないということです。

僕はポップカルチャーとは縁がない人間で、そうした方面に関心さえありませんでした。有名人のリーディングは一見すると華やかな仕事のようですが、実際それは特典というよりも挑戦のように思えました。それまでに対面した有名人は素敵な人たちでしたが、なかにはエゴが強い人もいるかもしれないと不安になったのです。僕は派手さや華やかさとは無縁の街で育ち、それまでのリーディング相手もごく平凡なクライアントばかりでした。そんな僕が、超個性的な人たちのリーディングをすることになるなんて、いったいどんな感じになるのだろう？

僕は、あの初めての緊張みなぎるグループリーディングと同じように考えようとしました——プレッシャーが自分を向上させ、強くしてくれるのだ、と。もちろん僕も、番組でのリーディングを通して、有名人といってもその経歴や性格は千差万別だということを学んできました。気さくな人もいれば、そうでない人もいます。個人的に気が合う人もいれば、そうでない人もいました。

しかし、リーディング回数を重ねるなかで、有名人であるクライアントが終始心を開き、心から正直になる瞬間を分かちあえる場面がたくさんあったので、僕はとても感動しました。普通より警戒心の強い人たちでさえ、本物の人間的な繋がりを求めているようでした。有名人であることには特典もありますが、マイナス面もあります。そのマイナス面への対処の仕方のほうが、その人が達成してきたどんな業績よりも彼らの精神状態を物語っています。僕は多くの有名人が、自分の役柄や功績と同一視される人生を歩んでいること、まるで自分の価値は本質的にその業績とイコールであるかのように生きていることをすぐに理解しました。

好感度を落としてはいけないというプレッシャーと知名度が合わさると、ちょっと変わったコンプレックスが生まれます。注目にどう対処するかはクライアントの性格によって違い、内にこもる人、リーディングでデリケートな話題になるとユーモアで返す人、話をそらす人などさまざまです。しかし、クライアントの最初の反応がどうであろうと僕のやり方は変わりません。

僕はクライアントの大半を誰だかわかっていませんが、彼らはその事実に安心する部分もあるようです。有名人である彼らは、最新の仕事についてインタビューされることには慣れています。ですが、彼らの代名詞であるその役柄について何も知らない僕に心を開くのは、無防備になることであり、日頃やり慣れていることではありません。

回を重ねるごとに、僕はクライアントが誰であるかを考えることなく、自信を持ってリーディングできるようになっていきました。相手の知名度に気後れすると、リーディングに支障をきたします。何よりも、相手に緊張してしまうのはエゴであり、そこにスピリチュアリティはありません。有名人は庶民とは無縁のライフスタイルを送っているように見えますが、僕は彼らが内に秘めている、庶民が共感できる面を掘り下げたいと思いました。そして、リーディングが促す癒やし――人生観が一変する癒やしを通して自己認識が深まるようなメッセージを、番組で伝えたいと思いました。生涯にわたって心の壁を築いてきた有名人がその心を開き、人生経験のなかで最も難しい側面を見つめることができるのなら、それを見たテレビの前の視聴者もその無防備な姿に触発されるのではないか。僕はそう願いました。

テレビ番組でリーディングを行う仕事にはたくさんの特典もありますが、まったくのマイナス面もあります。スピリチュアルなコミュニケーションはテレビの都合に合わせて起こるものではないので、そこには乗り越えるべき困難があります。リーディングが数時間におよぶこともあり、タイトな制作スケジュールがいつも予測不可能な展開になるのです。リーディングで伝えるメッセージはクライアントがその瞬間に聞くべきメッセージだと信じているので、カメラが回っていようがいまいが、僕は手順を変えたり省略したりはしません。

降りてきた情報が、クライアントにとってその場で腑に落ちるものである場合もあれば、そうでない場合もあります。クライアントがどう捉えていようと、僕はその情報が「当たった」「外れた」などと自虐的な考え方をしないように気をつけています。この仕事においては、降りてきた情報をたとえクライアントがその場で理解しなくても、それが的を射た情報であったとリーディング後に判明することがよくあるからです。クライアントの家族について、その場にいない他の家族から話を聞かなければ確認できない情報が降りてくる、という例が実際に何度もありました。

しかしテレビの世界では、カメラが回っていなければ、特定のメッセージの結末を追って記録することなどできません。そこで僕は、追跡リーディングを行ってそれも撮影することを提案しました。収録中に確認できなかった情報が、どこで決着するかを見届けるためです。また、クライアントの家族を連れてきてもらって別室でリーディングを見てもらう、というのも事実検証に役立つ方法だとわかりました。これにはメッセージを共有できるという利点もあります。

自分の冠番組を持つことに加え、『ドクター・フィル』や『ドクター・オズ』、『ザ・トーク』『ザ・ヴュー』といったテレビ番組でリーディングを行ったことで、僕の人生は劇的に変わりました。こういう有名な番組に出演して自分の仕事を説明すると、さまざまな意見に直面します。最初から信じてくれる人もいれば、信じてほしいのなら言われたことをやってみろとけしかけてくる人もいます。世間の食いつきがどうであれ、僕はリーディングを実践するのが一番の説明になると考えました。

多くの視聴者には知られていないことですが、カメラが回っていないところで数え切れないほどのリーディングを行って自分の能力を証明しないことには、他の番組への出演など検討すらしてもらえなかったのです。自分の冠番組を持つことである程度の信用は得られましたが、他の番組の関係者たちが僕の出演にゴーサインを出すためには、彼らが自らリーディングを体験する必要がありました。

僕は多くの懐疑論者の考えを変えることができましたが、知名度があがるにつれて、有名人の誰もが対処していること、つまりアンチの反感にさらされることになりました。僕は過去に他の有名なミディアムたちが受けていた世間からの反応を観察していたので、自分に何が起こるかもわかっていました。否定的な人たちの目からすると、ミディアムが事実確認を求めた場合、情報を引きだそうとしているように見えるのです。情報を「引きださずに」詳細を伝えたとしても、事前調査していたに違いないと邪推されるのが常です。

自己弁護には飽き飽きし、僕はすぐにそれをやめました。たとえ一度も公表されたことのない情報を僕が伝えたとクライアントが証言してくれようと、否定的な人は、自分が理論的に説明できない詳細に関しては都合よく無視します。たとえば、ロニー・ラブ〔訳注／アメリカのコメディアン、司会者〕のおばあさんが愛用していた牛型のクッキー入れのことや、クリス・ジェンナー〔訳注／前述カーダシアン姉妹の母〕がリーディング前日に内輪で話していた窓の修理の件を僕がなぜ知っていたかは、理論的に説明できない詳細です。

そうした詳細こそ、僕がリーディングの際に最も力を入れて受け取ろうとする情報です。たとえ自分がどこで誰をリーディングする予定か知らない状況であっても、僕は有名人の生活が世間に広く知られていることを承知しています。だからこそ、クライアントがインタビューや自伝などで触れたことのない情報を伝えることができると、僕は大きな満足感をおぼえます。それに、そうした情報の提示こそが、クライアントが僕に求める合格基準でもあります。事実検証においては、マスコミからの集中攻撃を受けていない無名の一般人のリーディングなら、本人に関係する名前や日付を伝えるだけでも充分な裏付けになります。でも相手が有名人となると、世間が知りえない詳細を伝える必要があるのです。

あまりに短期間で世間の目にさらされるようになったので、ネガティブな闇に陥っている暇もありませんでした。僕の最優先事項は、生命が死で終わるわけではないと世間に伝えることです。アンチの反感や自分の外見を気に病むのは意味がなく、表層的な問題でしかありません。華やかさや外見を重視する業界にいながら、僕には自分がどう見えるか、何を着るかなどを気にする時間も余力もありませんでした。僕は、強烈に感情を揺さぶられる場面を舵取りすることに全力を注ぐと同時に、自分自身の大変さに対処しようとしていたのです。番組の第一シーズンの収録を終えるまで、冠番組を与えられたことにともなう、ありとあらゆる感情をきちんと処理する時間はありませんでした。

　ラジオシティ・ミュージックホールで開催される、いわゆるアップフロントに出席した時のことです。アップフロントはエンターテイメント業界の広告イベントで、有名人やジャーナリストが集まってテレビの新シーズンの番組について議論をします。僕は大勢の観衆に加わって自分の席に向かいました。ジェニファー・ロペス、クロエとコートニー姉妹が信じられないくらい近くに座っています。アリシア・キーズやマイリー・サイラスがスピーチを行い、イベントの中盤で、気がつくと頭上で聞き覚えのある声が響いていました——僕の声です。

　晴れがましくも恐縮なことに、僕がスヌーキ〔訳注／リアリティショーなどのテレビタレント〕をリーディングした時のワンシーンが上映されていたのです。全員がそれに注目するなか、僕はほとんど椅子に溶け入りそうになっていました。自分のリーディングが上映されるとは思いもよらず、僕はその瞬間、自分の人生がどれだけ変化したかに気づかされました。自分の奇妙な能力のせいで昔は疎外感をおぼえていた僕が、まさしくその能力に注目や称賛を浴びせる集団の中に溶けこんでいたのです。それは解放的な気分でした。

死にまつわる悲嘆について、世間一般の人たちが話し合い、世界中の誰にでも共通するその経験を見る——僕はそんな機会を自分の番組が提供していると考えています。僕自身ではなくクライアントこそが、そうした気づきを広める真の使者なのです。彼らは気丈に向き合い、分かちあうことによって、死という話題を提示します。それは、彼らが演じ慣れていない役割です。というのも、彼らの多くは私生活、特にその感情的な側面を明かさないことに慣れているからです。そういう彼らを責めることはできません。有名人のくだらない情報を根掘り葉掘り詮索する記事やニュースにさらされながら、多くの有名人が自分のイメージをマスコミ受けがよいものにしようと苦心しているのです。

彼らの飾らない繊細な一面を見ることができるのは、ファンにとってよいことでもあります。番組を撮影し始めた当初から、僕は、クライアントが自分の物語の一部を語る手助けができることを光栄に思い、それが視聴者の助けになることを願っていました。僕は番組に出演してくれた有名人たちの大半を知りませんでしたが、視聴者たちの大半は彼らが誰なのかを知っていました。家で故人の死を嘆き悲しんでいる人たちもいたことでしょう。そんな彼らがテレビをつけ、自分と同じように悲嘆と向き合っている有名人を見ることができる――そう思うと、謙虚な気持ちや感謝が湧いてきました。

そのクライアントがどんな経歴や信念を持っているかは関係なく、彼らの心がほんの少しでもクリアになってリーディングを終えられること、それによって彼らが苦しい状況をより楽に乗り越えられるようになること、それが僕の願いです。

クライアントが「気難しい人」である場合、僕は相手を助けようとすると同時に、自分自身が相手の恐れにのまれないように余分な労力を使わなければなりません。よく言われることですが、馬を水飲み場に連れていくことはできても、水を無理に飲ませることはできません。同様に、クライアントのリーディングをすることはできても、本人が自分の過去やそれにともなう感情に向き合おうとしない限り、効果的なリーディングにはならないのです。そうした一例が、第一シーズンの序盤に起こりました。

番組初期のクライアントの一人、トム・アーノルド〔訳注／俳優、コメディアン〕のリーディングをした時のことです。彼のリーディングは僕のキャリアにおいて、最も困難であると同時に、きわめてわかりやすく特徴的な経験のひとつとなりました。

リーディング現場には母の運転で向かいましたが、道中、僕は自分を取り巻く環境が大きく変わったのを感じていました。ビバリー・ヒルズにいて、自分の冠番組の撮影のために誰だかわからない有名人の家に向かっているなんて、とても現実とは思えない。ただ、そうした不思議な状況にありながら、以前と変わらないものがありました。ハンフォードの街で農場に向かう道中であれ、ハリウッド・ヒルズで高級マンションに向かう道中であれ、僕のそばには必ず母がいてくれたのです。

現場に到着した僕は、この日、完全な懐疑論者のリーディングをすることになるとは思ってもいませんでした。先述したように、制作会社は番組の信憑性を高めるために、リーディング予定の有名人が誰なのかを——僕の要望どおり——僕に決して知らせないように細心の注意を払っていました。当時の僕は、『セレブリティ・ゴースト・ストーリーズ』〔訳注／アメリカの超常現象を扱うリアリティショー〕の一話に出演していたトムのことを、ぼんやりとしか覚えていませんでした。リーディング中ずっと、トムは鋭いユーモアのセンスを発揮していましたが、僕は彼のプロのコメディアンとしての作品に詳しくありませんでした。

トムのリーディングでは、かつて経験したことのないレベルの懐疑的な態度を向けられました……しかもそれがテレビ放映されるのです！　僕の向かい側に静かに座ったトムは、頬杖をつきました。僕は彼の疑念を感じ取りましたが、だからといってイメージが浮かんでくるスピードは衰えません。それは大変なリーディングになりました。現れたのはトムの母親で、生前の自分が母親失格だったことを今になって理解したと謝りました。そして、トムが立派な親になったこと、心理的虐待のサイクルに終止符を打ったことを誇りに思っていると伝えてきました。

僕はメッセージだけに集中しながらも、心配していました。母親がここまではっきりと伝えてきている心情を、証拠を求めるがあまりトムには受け入れられないのではないかと不安だったのです。しかし、それは杞憂でした。後に知ったのですが、トムの懐疑的な態度は僕の話を聞いているうちに、信じる態度にシフトしていたのです。トムにとって、僕が示したなかで最も強力な証拠となったのは、母親が複雑な親子関係について語った詳細そのものでした。彼はその詳細を、一度も公に語ったことがなかったのです。

クライアントがどう反応するのか、どんなことが反応を引きだすのか、僕には決してわからないのですから不思議なものです。クライアントは故人の名前を聞いた時に一番心を動かされると思われるかもしれませんが、実際は、特定のメッセージの内容を聞いた時により大きく反応するということが多いです。どんなメッセージがクライアントの心を動かすかは、僕よりもスピリットたちのほうがよく承知しています。クライアントの祖母の名前を言い当てるのと、クライアントの子ども時代の祖母との思い出を蘇らせるのはまた別の話で、後者のほうが遥かに大きなインパクトを与えるものです。

僕のリーディングで最も有益なことのひとつは、亡くなった人と再び繋がった感覚を得られることです。たとえその感覚が悲嘆を癒やす薬にはならないとしても、悲嘆を乗り越える手助けにはなると、僕は思っています。クライアントが前に進むのに、故人との関係がその死後も存続するという確証を得るだけで充分な場合もあります――その人生から少しだけ重荷が減り、少しだけ愛が増すからです。

家にいる視聴者が、テレビの画面上で起こる癒やしを見て安らぎを得られるのだとすれば、僕のリーディングは単に二人の人間を再び結びつける以上のものだ……いつも僕はそう合理的に解釈しています。それは実際、本当にたくさんの人を癒やしているのです。根本的に、その癒やしをもたらすことこそが僕の情熱のすべてです。場所がハンフォードであれハリウッドであれ、僕の目的は同じです。つまり、愛は永遠に続くということをできる限り多くの人に伝えるということです。この世で築く絆は、永遠に壊れることはありません。

▲ 生後６か月頃、祖母のバーバラ・コールウィンと。祖母の死が引き金となり、
僕は「知っている」という感覚を初めて経験することになりました。

▲ 生後６か月頃、愛する両親、父のデイヴィッドと母のテレサ・コールウィンと。

▲ 生後10か月頃、父と裏庭で。

▲ 3歳頃、楽しい家族旅行でヨセミテ国立公園へ。

▲家族の一大イベント、父とクリスマスツリーを飾る。

▲母と浜辺を散歩。数年間住んでいたカリフォルニア州カンブリアという小さな浜辺の街にて。

▲家族の大好きな行事、ベースボールの試合観戦。13歳頃。

◀母と初めて『ハリウッド・ハロウィン・パーティ』に参加。16歳になったばかりの僕は、その後何度もこのパーティに参加することになるとは夢にも思っていませんでした！

◀ ケンドラ・ウィルキンソンはとても楽しく愉快な人でした……僕が「またお子さんができそうですよ」と伝えるまでは！

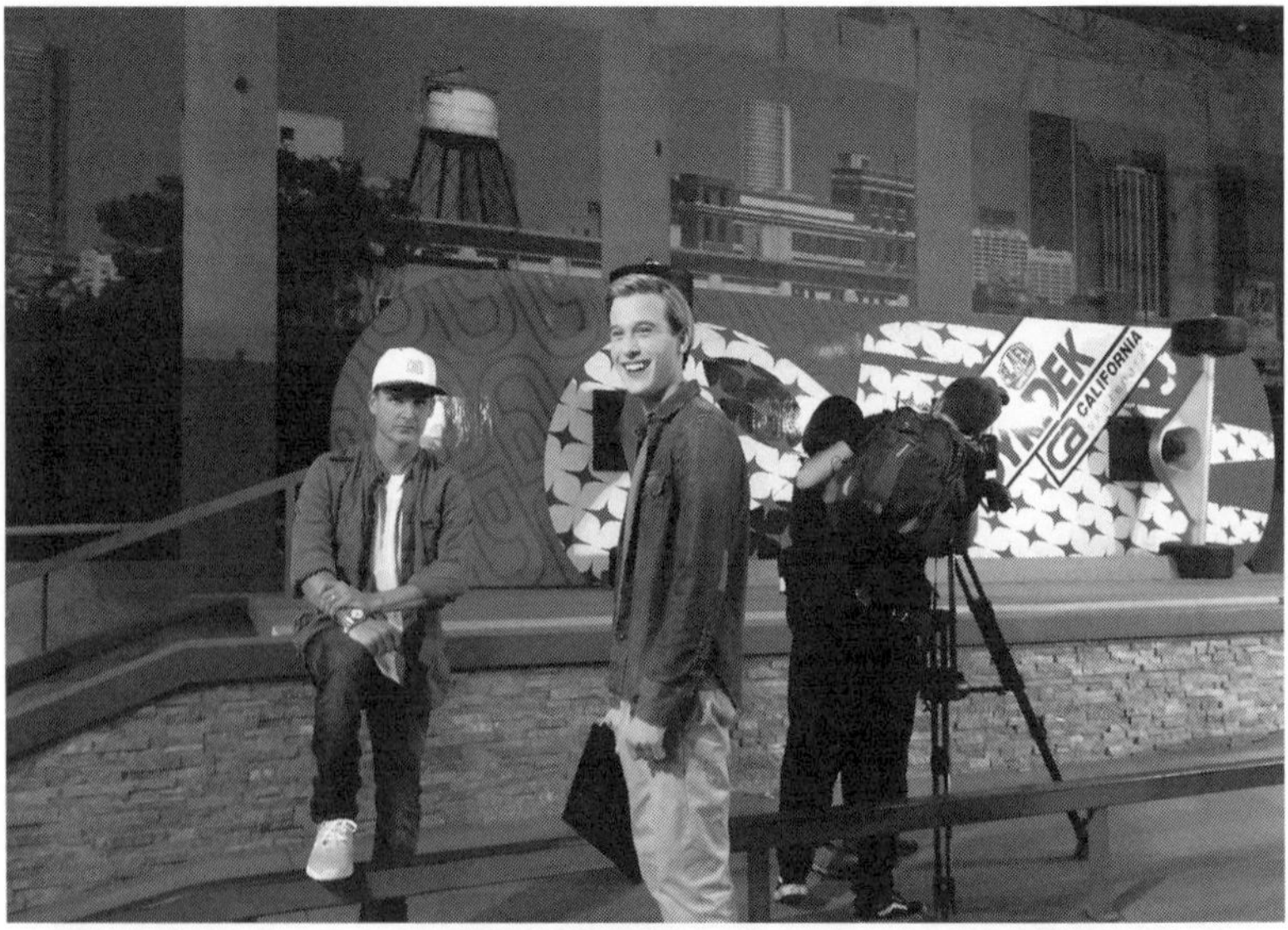

▲ 最も印象深いセットのひとつ、ロブ・ディアデックの〈ファンタジーファクトリー〉にて。僕たちは、彼の次のお子さんが男の子になるか女の子になるかで楽しく言い合いました。結果は……僕の勝ち！　#ロブとブライアナへ、おめでとう

▲モニカ・ポッターについては言葉を尽くしても語りきれません。彼女は僕がリーディングをした人たちのなかでも最も優しい人の一人です。彼女の父親の死に対して、気持ちの整理をつける手助けができたことを、僕は光栄に思っています。

▲リル・ジョンは、リーディング中に懐疑的な気持ちが信じる気持ちに変わったと話していましたが、僕が印象に残っているのは、リーディングの終わりに彼を母に紹介した時の場面です！
〔訳注／リル・ジョンを知らなかったタイラーとは対象的に、タイラーの母親はリル・ジョンの大ファンだったので、その日のクライアントがリル・ジョンだと知って大興奮していた〕

▲ ニコール・“スヌーキ”・ポリッツィとの２度のリーディングは、笑いだけでなく途方もない感動に満ちていました。僕のお気に入りのリーディングです。

▲ ロゼリン・サンチェスとのリーディングは、彼女の最新のプロジェクトを進めるための「許可」が、あの世から降りたことで締めくくられました。

▲ ジェニファー・エスポジートの亡き愛犬フランキーの登場には、僕も驚きました。

▲『グリー』の出演俳優ケヴィン・マクヘイルはすばらしいエネルギーの持ち主で、とても興味深いリーディングになりました。彼にも少し霊視能力があるようです！

◀ 歌手のマディソン・ビアーは、17歳という若さで大切な人を何人か失っています。彼女に慰めの言葉を伝えることができてよかったです。

5

大局的な視野

✶

僕のリーディングの噂が広まるにつれて、テレビで見たような体験を期待して連絡してくる人たちも増えていきました。僕は昔も今も、自分の能力に磨きをかけることで、謙虚さを忘れないようにしています。情報の正当性をクライアントがすぐに確認できた時でも、僕はその場では意味のわからなかった情報のほうにむしろ注目します。そのことに、クライアントたちはよく驚いていました。

僕は最低でも、メッセージの八十パーセントがその場で事実検証できるくらいの水準を保ち、残りの二十パーセントに関しては、リーディングの場にいなかった他の人たちに後から確認するように勧めています。なぜなら、不在だった人たちから得た確証こそが、最も胸に迫るものだったというケースが珍しくないからです。

ミディアムである僕にとって、その場で確認できない情報は最大の難問であり、いったいこのメッセージは誰に関係があるのだろうという疑問を残します。それでも最終的にメッセージが然るべき相手に届くと、僕はいつも、あの世にいる死者がいかに他者をうまく巻きこんでメッセージを伝えるかということに衝撃を受けます。

僕の仕事は自分が感じたこと、視たことをできる限りクライアントに伝えることであり、残りの仕事はスピリットのコミュニケーション能力とクライアントの事実確認によるところとなります。ですから、スピリットが明瞭に伝えてこなかったり、クライアントがメッセージを理解できなかったりすると、僕にできることはほとんどありません！　ただありがたいことに、そうした事態は頻繁には起こりません。むしろ、僕が受け取った奇妙なメッセージや不明瞭なメッセージが、クライアントにとっては納得のいくメッセージだったというケースに常々圧倒されています。

メッセージが後日、クライアントの家族によって説明されたり、確証されたりすることもあります。メッセージの断片が情報全体を組み立てるのを助けるという点で、リーディングはパズルのようだなと思います。パズルを組み立てるには、すべてのピースが正しい位置にはまるまで、各ピースの向きをいろいろ変えてみなければいけません。そうして情報の各断片が全体に繋がっていくと、より大きな絵が現れます。

メッセージに心を開いて耳を傾けるクライアントがいなければ、僕に降りてくる一見すると脈絡のないシンボルや感覚や印象は、大したギフトにはなりません。故人と再び繋がるというギフトは、その細部の事実確認をし、文脈に当てはめることによって得られるのです。

はっきりとした、力強く正確なメッセージを伝えるには故人のコミュニケーション能力に頼らざるをえないのですが、そのコミュニケーション能力は信じられないくらい多種多様です。情報はいつも違った形で降りてくるので、僕は気が抜けません。リーディングでは毎回必ず、自分自身のことや自分の能力、あるいはスピリットのメッセージ伝達能力について新しく何かを学ぶことになります。

死者は僕の五感を利用して、彼らにできる最善の方法で交信してきます。僕はおもに霊視能力を使いますが（つまりクレアボヤントです）、僕の他の感覚を通して伝わってくるメッセージに驚かされることも多々あります。たとえば香水の匂いがしたり、誰かの好物の味がしたり、感傷的な意味合いを持つ歌が聞こえてきたり、といった具合にです。こうして霊視能力以外の感覚を通して受け取った情報が、死者の伝えたがっている内容を「肉付けする」こともよくあります。

スピリットのコミュニケーション方法は、その故人が生きていた頃の得意分野を反映する傾向にあります。たとえば生前に視覚優位だったスピリットは、シンボルやイメージを使ったコミュニケーションを得意とする傾向があり、それは僕にとって最も読み取りやすいサインの部類に入ります。生前に身体表現が得意だったスピリットは、もはやその肉体がなくても、僕の肉体を通して情報を伝えることができます。生前に感情優位だった人は、僕の感情に率直に訴えてメッセージを伝えるという直接的アプローチを取ります。このきわめて私的な形で繋がってくるアプローチは、僕が一番苦手とするものです。なぜなら、最も体力を消耗するうえに最も詳細がわかりにくいからです。感情に訴えてくる印象は、ある状況の感傷的側面を把握するのには役立ちますが、降りてくる情報をより明確に理解するには追加情報を求めなければいけません。

スピリットがユニークな形で印象を伝えてくるケースで初期の頃に最も驚かされたのは、長時間のグループリーディングを行っている時のことでした。リーディングが終盤に差しかかった頃、僕は痛みに襲われました。その痛みは僕の背筋にそって走り、最後には首の付け根に集中しました。明らかにスピリットの仕業でしたが、どれだけ集中して追加情報を得ようとしても、他には何も伝わってきません。ただ首の痛みが広がっていくばかりです。それは僕にとって不快なだけでなく、三十人もの人が集まる部屋で伝えても大雑把すぎて伝わらない情報のように思えました。それでも僕は、その痛みの感覚を伝えることでスピリットがもっと詳しい情報を送ってくる（少なくとも、別の情報に変えてくれる）ことを期待しながら、その感覚を部屋にいる人たちに話してみることにしました。

僕がその感覚について言及するやいなや、後ろの列に座ってずっと注意散漫な様子だった女性がハッと背筋を伸ばしました。彼女に向けたメッセージなのでしょうか？スピリットがますます気合を入れ、首のひどい痛みが足元にまで素早く伝わっていきました。感覚が麻痺したようにピリピリします。僕はその感覚に顔をしかめて座っていました。間もなく、その麻痺したような感覚がもっと具体的な感覚に変わりました。足がざらざらした砂に覆われている感覚です。リーディング中に自分の足がそんな感覚に襲われるなんて、とても奇妙で珍しい体験です！

それが何を意味するのかよくわからず、僕はその感覚とただ同調するしかありませんでした。そして、ざらざらした砂に覆われたつま先の感覚を説明しました。おかしな話をしている気がしましたが、後列のその女性が明らかに反応してこちらを凝視しています。彼女の反応を受けて、僕の額から温かい感覚が放たれました。そしてなんと、僕の唇に突然、誰かの唇が気味悪く押し当てられた感触がしたのです！　あまりの衝撃に、思わず壇上から逃げだしそうになりました（そんなことは初めてです！）。

説明が難しいのですが、自分のネガティブな反応から察するに、それはロマンティックな意味でのキスではないとわかりました。僕は落ち着きを取り戻しながら、受け取った情報に基づいて推測するしかありませんでした。繋がっている相手が誰にせよ、そのスピリットは視覚的な手がかりや名前など、役立つ情報をいっさい伝えてこないのです。それでも僕は、ベストを尽くすのみです。

僕は、最も可能性が高そうな解釈を伝えることにしました。期待と困惑を見せる聴衆の前を行きつ戻りつしながらその感覚について最後にもう一度説明し、こう尋ねたのです。「心当たりのある人はいませんか？　たとえば、マウス・トゥー・マウスの人工呼吸をされた誰かを知っている人は？」

僕は後列に座る女性に視線を定めました。そのリーディングはすでに一時間以上経過していましたが、そこで初めてその女性が立ちあがり、声を震わせて発言しました。「そのメッセージは私宛てのものです」。彼女の説明によると、親しい友人がクリフダイビングの事故で最近、首を折って死亡したとのことでした。彼が浜辺に寝かされ、彼女は救命時間を稼ごうと人工呼吸をしました。彼女の説明を聞いている時、僕は額に唇の温かい感触をおぼえました。僕がその感触を伝えると、彼女は救急車が到着して友人の死が確認される直前に、彼の額にキスをしたのだと話しました。

ありがたいことに、メッセージがようやく然るべき相手に伝わりました。僕はそのスピリットの独特なコミュニケーション方法に驚かずにいられませんでした。すべてのメッセージが、感触を通して伝えられたのです。それはとても珍しいケースでした。

その女性の話によると、生きていた頃のその友人は特に話し上手ではありませんでした。でも仲間で集まると、彼は必ず率先して皆とハグや握手をし、甥や姪には愛情のしるしとしてレスリングを教えていたそうです。「行動は言葉よりも雄弁だ」が彼の口癖でした。

感触を通してメッセージを伝えてきただけでなく、自分の死の瞬間に友人が取った行動――人工呼吸、そしてキス――を優先して伝えてきたことも腑に落ちました。彼は自分を救おうとした彼女、この世で最後の瞬間に愛を感じさせてくれた彼女の最後の試みに感謝していたのです。その行動は、彼にとって言葉よりも重要なものでした。

リーディングでは、僕ではなくスピリットのほうが降ろす情報を決定します。僕はよく、これを何も描かれていないキャンバスにたとえます。リーディングを行う時は、先入観を持たずに情報を受け取るために、純粋な器になる必要があります。そこに最も適任のスピリットが現れ、彼らの生前の人生やあの世への移行のこと、クライアントに伝えたいことについて、僕の五感を利用してキャンバスに描くのです。

当然ながら、画家が違えば同じ筆を使っても違う絵が仕上がります。写真さながらにイメージを描く超写実主義《スーパーリアリズム》の流派の魂もいれば、ピカソのようなイメージを描く魂もいます。後者は原型に忠実とはいえない角度や断片のイメージを降ろしてくるので、ジャクソン・ポロックの絵を解釈しているような気分になります。

リーディングで胸の痛みが生じる場合がありますが、そのスピリットが伝えたい情報が心臓発作なのか肺がんなのかを判別するためのヴィジョンがないと、あまり解釈の役に立ちません。香水の匂いも、聴衆に説明するのが難しいもののひとつです。そういうわけで、僕はなるべく視覚情報寄りのコミュニケーションを行うスピリット、より多くの詳細を降ろしてくるスピリットと繋がろうとつとめます。

メッセージを伝えてきているスピリットに関して洞察を得るために、僕は次の三つのことを自問するようにしています。印象がほんの数秒で消えてしまう場合は特に、これらの質問が欠かせません。

1．僕はあの世にいるその故人と、どのくらい共鳴しているだろうか？

スピリットがどんな方法でコミュニケーションをしてこようと、できるだけ明確な繋がりを確立することが僕の最優先事項です。受け取ったメッセージを解釈できそうになければ、もっと多くの詳細を「求める」ことに意図を定めます。スピリットが僕の五感のうちのひとつしかうまく使いこなせない場合、僕は自分の複数の感覚を使ってもらうことを望みます。そうすれば、スピリットが伝えたがっている内容のヒントが増えます。たとえばスピリットが僕に頭痛を起こすことによって脳卒中に言及しようとした場合、僕がそれを頭蓋損傷ではなく脳卒中だと判別するためには、他の感覚を通してヒントをもらう必要があります。頭痛だけではうまく伝わらないのです。

2．スピリットのコミュニケーション能力を考慮したとして、そのスピリットはその特定の話題についてどの程度伝えようとしているのだろうか？

ひとたび明確な繋がりが確立できたら、今度はメッセージが流れてくるにまかせる段階に入ります。理想的なのは、僕がひとつの印象を認識してそれに注意を向けた時に、その印象を詳細に説明する追加のイメージが降りてくることです。

コミュニケーション中に間があくのは普通のこと——むしろ必要不可欠なことで、間があくことによって、スピリットがひとつの話題を「語り」終わって次の話題に移ろうとしているのだと僕は理解します。間が生じた時は、それに気づくことが重要です。コミュニケーション中の間に気づきそびれると、その後に続く情報が前の話題に関するものだと推測してしまい、リーディング全体の解釈が歪んでしまうからです。間があいた時の沈黙はいわば文章における句点であり、ひとつの話題を終えて次の話題に移るための役割を果たしているのです。

ただし、間と完全な沈黙には異なる意味があります。よどみなく繋がっていたスピリットが突然なんらかの話題について「沈黙する」時があり、なぜだろうと思うことがよくあります。たとえば、自らあの世に移行した（自殺、あるいは安楽死などと呼ばれることがあります）魂とのコミュニケーションで多く見られるケースです。それまでたくさんのメッセージを伝え、愛する遺族に自分の存在をはっきりと示していたのに、自分の死が話題になった途端、完全に沈黙してしまうのです。これは珍しくないことで、その理由はふたつあるように思います。ひとつはその魂が、自分の人生がそのような形で終わった理由を学んでいる途中である場合。もうひとつは、残された家族にその悲劇を思いださせたくない場合です。彼らは自分の死よりも重要と思っていること、すなわち移行前の人生や、その後に学んだレッスンのほうに焦点を当てようとします。

　自ら移行した魂がその責任をすぐに認め、それについて説明し、残された人たちを慰めようとするケースもあります。あの世にいる魂が何について語りたがるかはまったくそれぞれで、その魂の成長レベルや、個々のプロセスで得た理解レベルによっても異なります。この世と同じくあの世でも、人生の大きな出来事に対しては皆が異なる対処をします。死は、誕生に次いで最も大きな出来事なのです。

3．スピリットはどんなコミュニケーション方法を好んでいるのだろう？

　生前に視覚優位だった魂は通常、鮮やかなイメージを通して交信してきます（霊視《クレアボヤンス》）。また、音の響きや音楽に親しんでいた魂は、音や歌詞を通してメッセージを伝えてくることがあります（霊聴《クレアオーディエンス》）。彼らが情報を伝えてくる方法から、その生前の職業がわかる場合もあります。この世でもあの世でも、人は自分に馴染みのある方法、心地よい方法を用いてコミュニケーションするものです。人の意識は、その意図と同様に、死後も存続します。この意識と意図というふたつの要素が、スピリチュアルなコミュニケーションを構成します。

数々の印象を受け取り、優先順位を決めて解釈するということに加え、根底にあるニュアンスを探ることを僕は心がけています。メッセージの内容だけでなくその伝え方にも注目することで、その故人の人格のかなり特徴的な部分を垣間見ることができるからです。リーディングというのは複雑な作業で、クライアントを理解する力のみならず、クライアントの愛する故人を理解する力がとりわけ必要になってきます。

若かった頃は、スピリットが現れれば現れるほど不思議に思いました。現れるスピリットがみんな心穏やかでいるのだとすれば、どうして彼らは出現する必要性をこんなにも感じているのだろう、と。やがて僕は、死がもたらす視点を理解するようになりました。あの世にいる魂はその新しい視点により、自分の人生についてまったく新しい理解を得ます。彼らはこの世に残された愛する人たちと絆で結ばれていますから、死後に得たその啓示を生きている人たちと分かちあうことが大切だと感じるのです。

残された人たちが切望するメッセージを伝えるためであれ、対立を解決するためであれ、癒やしのプロセスを助けるためであれ、亡くなった人が僕たちの前に現れる理由は、生きることについて死から学んだことを分かちあいたいからです。僕は長い間、癒やされるのは片方だけだと思っていました。最も一目瞭然な癒やしは、愛する故人からのメッセージをクライアントが僕の目の前で理解した時に起こるものです。しかし時を経て僕は、あの世にいる魂もまた、愛する人たちにメッセージを伝えることによって恩恵を受けるのだと理解するようになりました。生前に展開した出来事、ダイナミクス――生きていた頃には気づいていなかったこと――について新しく得た視点や理解を生者と分かちあうなかで、スピリチュアルな旅路を続けている魂にも大きな癒やしが起こるのです。

エゴ

故人の魂は生前のことを思い起こすことができます。彼らは依然として個々の視点を持ち、人格もそのままに出現しますが、ほぼ全員が生前よりも悟りに近づいていま す。つまり、自分の人生の選択が他者に与えたインパクトを理解できるほどに成長しているのです。彼らには自己弁護するエゴがないので、争いを解決して説明責任を負おうとする傾向があります。ここで言う「説明責任」とは、判断や被害者意識や自己批判に根ざすものではありません――そういったものは人間特有の概念です。スピリットにとっての説明責任は、スピリチュアルな進化に必要な類のものなのです。

「エゴが強い」というと、自尊心が強い自己陶酔型、ナルシスト的な人物のことだとたいていは考えます。しかしこの定義は、人間としての体験にエゴが与える影響のほんのわずかしか表していません。人は皆、自己肯定感と自己否定感の両方が混ざりあった状態で暮らしていて、変わり続ける状況のなかで両者の割合は常に変動していま す。その自己肯定感と自己否定感のはざまに、エゴは存在します。

エゴは、自分自身について自分が思いこんでいる信念です。つまり、魂としての本来の自己とは関係のない、自分で創り上げたものや条件付けの正体がエゴなのです。とはいえ、人間であるわれわれのエゴは幼少期から発達していき、生涯にわたって保持されるものです。人は自分の才能や能力や人格が自分であると考えますが、これらはすべてその人に備わる機能であり、その魂を明確にする特徴ではありません。

エゴの大部分は、条件付けに関係しています。人は誕生した時から、周囲の環境や身近な人たちについて特定の感じ方をするように条件付けられていきます。

他者から言われたことに基づいて、特定の感じ方をするように条件付けられていきます。大半の人にとっては両親が最初の教師です。子どもが自分を取り巻く環境をどう捉えるか、さらには自分自身をどう定義するのかを学んでいくプロセスで、両親がその子どもに影響を与えます。たとえば両親が世間に対してネガティブで恐れに基づいた印象を抱いている場合、その子どももそうなるかもしれません。少なくとも、自分でその考え方を見直すまではその印象を抱き続けるでしょう。

考えてみてください。親から認めてもらうと「自分には価値がある」という気持ちで満たされますが、親から叱られると恥ずかしい気持ちが溢れてくるでしょう。これらの感情はとてもパワフルで、その子どもの反応の仕方や世間に対する感じ方を形成します。そして最も重要なことですが、こうした感情が、社会の中での自分の役割の捉え方を決定付けるのです。

通常、人はそうした条件付けが起こっていることに気づきもしません。そうしてしっかり組みこまれたエゴを、生きている間に見抜くのは途方もなく難しいことです。エゴについて熟考している時でさえ、エゴに力を与えているのですから――いったいどれだけややこしい存在なのでしょう？　自分について考えるという行為だけでも、「私」と「他者」の間に明確な楔が置かれます。こうした思考がエゴの構造を形成し、人はそれを生涯にわたって持ち続けるのです。たとえば、こんな具合に。

「私は試験が苦手だ」
「私は頭がいい」
「私は肌が荒れている」
「私はあなたより優れている」
「この服を着ると私は太って見える」

このような考えに含まれている「私」の中にエゴは潜んでいます。エゴは、人間であることの基本的な要素、避けがたい一部であるように思えるかもしれません――実際にそうです。結局のところ、この近代社会において、人はエゴといううわべなしには機能できません。エゴは人間であることの大きな割合を占めていて、自分や他者について学ぶ機会を絶えず与えてもくれるのです。しかし、自己イメージが歪められたり、誇張されたり、損なわれたりすると（エゴがよくやることです）、大きな問題が生じる場合があります。

エゴは、人が本当の自分だと思っている「自分自身の各側面」をひとつに寄せ集めるのが上手です。そうして好ましい特徴を自分のアイデンティティに加えると、エゴに力を与えることになります。誰かに矛盾を指摘されて自分が正しいことを主張したくなる時、脅威を感じて自己弁護し反撃したくなるのもエゴの働きです。こうした原始的な感情が主導権を握っていると、情報を適切に解釈できなくなります。また、過剰反応したことを後悔する時、エゴは短気な自分、心が狭い自分を責めるでしょう——そもそも、短気で心が狭くなった原因はエゴ自体なのですが！　人は内面で勢力争いが生じている時、自分の意見や感情や行動を認めてほしいと思うものです。でも、なぜ？　その理由は、本物の安心感がどこかで欠けているからです。

仏僧のなかには自分を完全にエゴから引き離せる人もいるかもしれませんが、そうした一部の人を除いて、われわれがエゴから自分を引き離すことなど期待できないでしょう。エゴがあるというのは、人間として存在するうえで基本的なことなのです。ですから、人にできる最善のことは、エゴが「しゃしゃり出て」きた時にそれを見極め、不健全で非生産的な条件付けを正していくことです。

僕がこうしてエゴや条件付けについて強調する理由は、人が個人としてどのように世間をわたっていくかを決定するのが、そのエゴや条件付けだからです。自分がどこに生まれるかを決めることはできませんが、人にはどこに進むかを決める責任があります。われわれは、条件付けられているよりも大きな存在です。誰もが成長し、変化することができるのです。

エゴを手放した視点を得るのに最も基本となるプロセスのひとつは、いわゆる人生の振り返りです。あの世に移行する時に、自分が生前にしてきたことやしなかったことが他者に与えたインパクトを、誰もが実体験として理解します。僕が人生の振り返りについて説明する時は、一連のフラッシュバックが一回限りの映画のように上映される、といった印象を与えないようにしています。人生の振り返りというのはむしろ、成長、視点、万物は繋がっているという理解……などの要素が徐々に、自然に織りあわさっていくプロセスです。個としての人間の視点が無限の存在の視点へと移るわけですが、そこには自分が果たした役割への理解も含まれているのです。

魂は、その生前の人生を驚くほどまっすぐに理解するようになります。生きている人間は、恐れや恥意識から、説明責任を負ったり欠点を認めたりすることに抵抗をおぼえるものです。人はあの世に移行する時、そうした感情は人生の重荷になっていただけだと理解し、ようやくそれを手放すことができるのです。

スピリットはこのような話題をリーディング中に何度も持ちだします――もう他界して四十年も経っているような魂、生前は思考や感情を内観したことのなかった魂であっても。

『ゆかいなブレディー家』の俳優、クリストファー・ナイトのリーディングを行った時のことです。彼の他界した父親が現れ、自分の子育ての仕方がひどかったと認めたことにクリストファーは驚きました。それはあの世での、父親の人生の振り返りの一環でもあったのです。クリストファーの父親は、自分の機能不全が家族に与えたインパクトを完全に理解している、とはっきり伝えてきました。そして、生きている間にそれを理解しなかったことを謝っていました。

クリストファーの最初の反応は、「死んでから成長することもあるのか？　父は生前、一度も謝ることなどなかったのに」というものでした。

クリストファーにとって、父親の生前の行動は依然として触れられたくない話題でした。僕は降りてくるメッセージを頼りに、死んでから成長することが実際にあるのだと説明しました。エゴが消えると、大局観がそれに代わります。生涯にわたって感情を押し殺し、自分が「正しい」ことを頑なに主張し、家族との関係よりもプライドを優先していた人でも、あの世ではもはやそうした事柄を優先することはありません。

死が教えてくれるのは、地上で生きる短い間に、人が大局に与えるインパクトの大きさです。そうした啓示は審判だとか罰といった視点からではなく、自然な成長の結果としてやってくるものです。故人が生前、家族と感情的に距離を置いていたことに関して釈明しようとするのは、罪の意識からではありません。もっと深遠な理由から、エゴが消えた途端に自らその理解に至るのです。あの世では、自己弁護しようというプライドもなければ、固執すべき頑固さもありません。

クリストファーの父親は、広くなった新しい視野を息子に伝えることで、残された家族に気持ちの整理と癒やしをもたらしました。彼自身もまた、それによって気持ちの整理がついたのです。

胎児には、自分の成長プロセスも、最終的な誕生プロセスも止める手立てがありません。死のプロセスとは再誕生のプロセスであり、あの世に移行する時に得られる成長、変化、大局的な視野は、拡大する意識からあくまで自然にもたらされるものです。これはどんなに鈍感な人間にでも起こります（それに、たった一度の人生が魂のすべてを決めるわけではありません）。存在の形態がシフトして進化すると、この宇宙における自分の役割に関してより深い理解が生まれます。

エゴから切り離された状態を想像すると、多くの人が最初は落ち着かない気分になります。自分の能力や才能、業績など「これが自分だ」と思っているもの、「それがあなただ」と教わってきたものすべてから自分を切り離してみるとは、どういうことを意味するのでしょう？

大半の人は、その人生では「現在の転生」にしか気づいていません。この地上にいる限り、人は名前と固有のアイデンティティを備えた一人の人間として扱われます。でも、覚えていてください。エゴやアイデンティティ、名前、特徴など備えていなくても、さらには肉体がなくても、あなたは依然としてあなたなのです。

人があの世に移行する時、エゴというヴェールが剥がれ、誰もが相互に繋がっているという理解に達します。自分が生きてきた人生を忘れるわけではありませんが、「自分」という感覚が一度だけの転生に限られたものではなくなります。八十年なり九十年なりの人生（長生きの場合）を眺めるひとつの視点からシフトして、その生涯があらゆる時空間にわたって全宇宙に与えたインパクトに気づく視点になるのです。

魂は生前に備えていた人格の特徴を記憶しています。たとえば奇妙な習慣や癖、残された人たちに気づいてもらえるような決定的な特徴を記憶していて、それをこちら側に伝達することができます。ただし、故人の魂が現れて、生前の自分を示す特徴、ダイナミクスを認めているからといって、あの世でまだそうした特徴に制限されているというわけではありません。

輪廻転生

リーディングでほぼ毎回訊かれるテーマのひとつに、輪廻転生があります。これは最も複雑で驚くべきプロセスのひとつであり、僕は時おりそれについての洞察を得てきました。保守的なキリスト教徒の家庭に育った僕にとって、輪廻転生はおよそ無縁のテーマで、家族で真剣に話し合うことなどまずありませんでしたが、長年にわたってリーディングを続けるなかで、輪廻転生の話をそれとなく知らされることがあったのです――それは僕が考えていたものとはあまりに違い、理解するのに少し時間がかかりました。

人が魂として進化するのを決してやめないということは、最初の頃からかなりはっきりしていました。人はこの世で学び、死後にあの世からこの世に現れて、その成長を知らせることができます。魂はあの世でも旅を続け、経験を広げながら知恵を育んでいきます。そこまでは僕も理解していました。

でも、ある銀行員から連絡を受けてからの出来事に対しては、いっさい心の準備ができていませんでした。彼は自称「皮肉屋」で、知り合いから僕のことを聞いたと話しました。リーディングを疑っているどころか軽蔑していることが感じ取れたので、僕はあまり気乗りしませんでした。彼の取り乱した不幸そうな様子にも驚きました。僕が彼の直面している問題を解決する最後の手段だということは明らかでしたが、彼はそれがどんな問題なのかを話しません。そのうえ、僕に相談したところで役に立つとは思えないとはっきり言うのです。

リーディングの日、彼は唇をきっと結んだ険しい顔で到着しました。僕は目を閉じて集中しましたが、最初は彼の抵抗しか感じられませんでした。彼のほうから依頼してきたことを考えると、その態度にはイライラさせられました。しかし、その抵抗感の奥にある彼の感情の原因がわかってきました——恐れです。その恐れが伝わってきて、僕はとても不思議に思いました。この男性のエネルギーの中で、なぜ恐れがこれほどの圧倒的存在感を放っているのだろう？

そこで最初のヴィジョンが浮かびました。母親です。子どもの視点で、現代とは異なる時代の女性が引きずられていく様子が視えます。彼女は叫び、命乞いをしていました。その子どもはなすすべもなく怯えていました。亡くなった人を視ているのだと僕は確信しましたが、それにしては計算が合いません。僕に視えている時代は一九三〇年代に思われましたが、目の前にいる厳格な男性はせいぜい五十代半ばです。ヴィジョンの子どもが生きているとすれば、九十代になっているはずです。祖父母世代の誰かが曽祖父母を亡くす光景を視ているのだろうか？　僕は追加情報を求めましたが、何も起こりません。何も起こらないということは、ガイドがこう言っているということです。「これがメッセージです。あなたはこれを伝えるだけでいい」

だから、そうすることにしました。男性の目を見つめて、「あなたがリーディングを馬鹿にしていることはわかっています」と僕は言いました。僕には彼がここに来た理由も、彼をどう助けたらいいかもわかりませんでした。トラウマ的なヴィジョンが浮かんだだけで、それをさらに詳しく調べることも、説明することもできなかったのです。僕はヴィジョンを伝えながら、彼が僕を笑うか、あるいは席を立って帰ってしまうだろうと思いました。ところが、彼は頷きました。彼に僕のことを紹介した知り合いとは、彼の奥さんだったそうです。彼は子どもの頃から、一九三〇年代のベルリンで起こったことを悪夢で繰り返し見ることに苦しんでいました。毎回自分が知りもしない女性を失う恐怖で夢から覚めるとのことでしたが、その女性は、過去生における彼の母親だったのです。

彼はその悪夢を無視していましたが、今の奥さんと出会った頃から、その苦しい夢は強烈さを増して再び現れるようになりました。彼も奥さんもその時代との結びつきを感じていて、実のところ、二人とも互いが母親と息子の関係にあったと感じていました。そして二人はそのことを、他人にどう話していいのかも、どうすればいいのかもわからずにいたのです。

こんなことは初めてでした！　言葉が見つかりません。当時の僕はまだ過去生に触れた経験などほとんどなく、それ以上に、過去生が現世に影響するという説にも馴染みがありませんでした。ですから、僕には「セラピーを受けて、夫婦が経験している特殊な問題に向き合ったほうがいい」と勧めるくらいしかできませんでした。

しばらくの間、僕はリーディングで過去生に関係するテーマが出てくる度に戸惑いを感じていました。そのテーマが登場する時はいつも決まって、クライアントが説明のつかない執拗な不安や心身の苦痛を抱えていたからです。「過去生」の問題らしきものを抱えているクライアントの多くが、僕のところに来る前に心理療法士や精神科医に相談していました。その問題から解放されるために、手は尽くしていたのです。彼らにとって、僕は最後の頼みの綱でした。あまりに不可解な問題を話し合うためにサイキックに会うなんて「ほとんど頭がおかしい」ように思えると、彼らは僕に言いました。ある意味、彼らは間違っていません。僕自身も、自分があまり理解していないテーマについて話し合うなんて、どうなのだろうと思っていましたから。

だから僕は話し合うことはしませんでした。ただ自分が視たことを伝えるだけにとどめ、そのヴィジョンについて説明を試みようとはしなかったのです。そしてリーディングを終える時に、クライアントの今生には論理的に当てはまらないような、脈絡のないイメージをいくつか伝えることにしました。すると、衝撃的な反応が返ってくることがよくありました。たとえば、僕に視えた出来事は今生に起こったことではないけれども、伝えた内容は自分に特有の恐怖症や、説明のつかない嫌悪感に一致すると言われたりするのです。こういう時には僕もクライアントも困惑し、何か深い意味、おそらく過去生からの何かがあるのかもしれない、と思わずにはいられません。

過去生について考えれば考えるほど、納得がいきました。人間がスピリチュアルな進化を続けているのなら、いくつもの視点から学びを得るほうが、やはり理にかなっているのではないか？　現在の人生があるのなら、複数の転生があってもおかしくないのでは？

このテーマに関して調べていくうちに、輪廻転生に対する僕の関心は高まっていきました。僕は自分の世界観と照らしあわせた時に生じる、明白なズレを埋めてくれる情報を探しました。特に知りたかったのは、死者とのコミュニケーションが輪廻転生とどう関係するのかということです。死後に人が転生するのなら、なぜ僕はスピリットと交信できるのだろう？　そのスピリットたちは、新しい転生を迎えていないのだろうか？

答えは書籍には見つからず、僕が自分自身の交信プロセスへの理解を深めていくにつれて、部分的にですが明らかになっていきました。僕は亡くなった人の「代理」で現れて伝言するスピリット――おそらく代理のスピリットのほうがコミュニケーション能力が高いからでしょう――がいることを発見し、伝言を頼んだほうのスピリットは出現できない状態にあるのかもしれないと気づきました。出現できないのは、もうこの世に生まれ変わっているからではないか、と。故人の生前の人生に関する洞察に満ちたメッセージが、故人のガイドの助けによって遺族に伝えられるケースもあります。こうしたケースのように、必ずしも本人のスピリットが直接コミュニケーションをする必要はないのです。もうひとつ気になっていたのは、魂の契約がどの程度その契約者のグループ全体に関係してくるかということですが、場合によっては、グループ全員が一緒に転生できるまで、転生を保留するという選択もあるようでした。

輪廻転生についてもっと学ぼうと意図を定めた時、コミュニケーション能力の高いスピリットが数名、自身の輪廻転生の経験について教えてくれたことがあります。彼らの説明によると、輪廻転生を通して、ひとつの人生で学びきれなかったレッスンを引き続き学ぶことができるそうです。そして、あの世に移行して肉体から抜けてもなおその人生の記憶をすべて保持し、「この世に現れる」時にもその記憶を思い起こすことができるのです。

その一方で、ほとんどの人は、現在の人生を生きながら過去生を思いだすことはできません。過去生のことをたくさん覚えていれば、今回の人生で学ぶはずのレッスンの邪魔になってしまいます。過去生のことにこだわっていたり、過去生の家族や友人を懐かしがってばかりいたら、それに大きく気を取られてしまうことでしょう。一度にひとつの人生だけでも、対処して学ぶことはたくさんあるのですから！

ミディアムは時おり、今生に転生してきた人の過去生に関する情報を「拾い」、その魂があの世に移行した後に学んだ洞察を受け取ることがあります。僕がその情報を受け取るために、魂が直接あの世からそれを伝える必要はありません。魂がどこにいようと、情報はその魂に深く刻まれているからです。

輪廻転生のプロセスがどんな仕組みになっているのか、人は幾度の人生を生きるのか、誰が転生して誰が転生しないのか、いつ誰が、あるいは何がそのプロセスを操作しているのか——知っているなどと主張することはできませんが、僕は、過去生についてこれまでに受け取ってきた情報を充分な根拠として、輪廻転生は魂の旅路の一環であると確信しています。そこから推察できる、人類の相互の結びつきや歴史にわたる進化を考えると、気が遠くなる思いです。輪廻転生は生死にまつわる最も深遠な神秘のひとつであり、人間の頭で理解するにはあまりに入り組んでいて、複雑すぎるテーマです。その神秘、尽きることなく浮かんでくる疑問符それ自体にも、レッスンが秘められているのかもしれません。

6

魂からのサイン

千回以上もリーディングをしているのなら、疑問よりも答えを多く得る段階に達しているだろうと思われるかもしれません。しかしながら、僕は自分が授かった能力を通して、世界はおよそ人間が想像できる以上に魅惑的かつ神秘的で、重層的だという結論に至っただけでした。僕はそこに働く大いなる力を伝えるパイプでしかないのです。

★

リーディングがクライアントにもたらす効果だけでなく、あの世からのメッセージが他の人たちにも広範にインパクトを与えるのを目の当たりにして、僕は驚かされてばかりです。しかも、メッセージは必ずしも僕を通す必要はなく、スピリットが他者の人生の状況を操ることによって伝達することもできるのです。その伝達はシンクロニシティを通じて行われます——どう見ても仕組まれた、あるいは偶然起こったように見える出来事を通じて。

僕は自分の人生に起こった驚くべきシンクロニシティを目撃してきただけでなく、

他者の人生におけるシンクロニシティに参加している自分を発見してもきました。それが起こっている瞬間は、まさか自分が誰かの道で役割を果たしているとは気づきにくいものですが、後になって考えると、そこには必ずシンクロニシティを示すヒントがありました。

そんな出来事が、ある知り合い（仮に彼をジムと呼びます）とランチデートをした時に起こりました。彼とは後に親しい友人となるのですが、その時の僕たちは初対面で、互いを知るために軽い世間話をしていました。ジムが兄弟や故郷の話をしている時、何度かイメージが浮かびました。彼が触れていない話題に関するものです。

こうしたジレンマは、まだ親しくなりきれていない友人関係において何度も生じていました。少なくとも友情を築く初期段階では、僕のほうが相手の情報を多く知ってしまうというジレンマです。新しく知り合った相手をユニークな形で知ることができるという部分もあるのですが、その一方で、相手に理解してもらうよりも自分のほうが相手のことを理解しているという気持ちになってしまうこともしばしばです。

会話を続けながら、僕はリーディング前によく起こるサイキック的予兆を感じ始めていました。そして、その混み合うレストランで食事をする、客のうちの誰かに向けたメッセージが降りてきているのだろうと思いました（皆さんの想像以上によくあることです！）。まだ打ち解けきれていない場ではありましたが、僕は自分が感じていることを話す必要があるとジムに言いました。そのメッセージが誰に向けられたものかを判断したかったのです。ありがたいことにジムは興味をそそられたようで、僕はリラックスして話を始めました。すると、情報が次々に降りてきました。

「ドリスという名前と、銃の事故に遭った男性の話が伝わってくる」。僕は両耳に響きわたる銃声を聞いて、間をおきました。「銃の手入れをしていた時の事故だ」。僕は続けながら、その話のどれひとつとしてジムには心当たりがなさそうだとわかりました。それでも彼は熱心に耳を傾け、しばらくして、思い当たるふしがない場合はどうすればいいのかと訊いてきました。

僕はがっかりしました。メッセージは彼に向けられたものではないようでしたが、もやもやする感覚が残ります。そのメッセージは彼に伝えるべきだと感じるけれど、彼のためのメッセージだとは感じられない。どうも腑に落ちませんでした――スピリットがリーディングの場にいない誰かについて言及する時は、いつもならそのメッセージを届けたい人の名前か、その人との関係性について説明してくれるはずです。さらに困惑したことに、銃創によって亡くなった人の存在がどこにも感じられないのです。僕はただその事故の話を受け取っただけで、レストランにいる誰かとの繋がりは視えませんでした。

降りてきた情報について何をすべきかわからないまま夜になり、何かをすべきだという思いだけが残っていました。自分の感情を分析すればするほど、困惑が深まります。不完全な情報に基づいて合理的な結論を導こうとすれば、間違った解釈をするだけだということはわかっていました。理解や事実確認を得たければ、メッセージを降りてきたままに伝えるほうがいいのです。スピリットは自分の伝えたいことが何かをちゃんとわかっているので、物事をややこしくし、メッセージを曲解してしまう僕の意見など不要です。だから僕は何も解釈しないことにし、その話題を再び持ちだすのもやめようと思いました。

結果的に、そう判断したのは正解でした。翌朝起きると、携帯電話に大量の不在着信が残っていました。すべてジムからの着信です。僕がようやく電話に出ると、ジムが勢いよく話し始めました。前日に聞いた情報について心当たりがないか家族に聞いてみたところ、驚いたことに従兄弟が自分の祖母の話を始めたと言います。その祖母はドリスという名前で、ジムとは面識がありませんでした。

　ドリスが亡くなる直前、ジムの従兄弟は彼女と電話で話をし、銃の事故に遭ったばかりの別の家族の話題になったそうです。ドリスの説明によると、その家族が無事だということしかわからないとのことでした。そして、話の全容がわかったらまた電話すると彼女は言い、通話を終えました。

　続報の電話はかかってきませんでした。その通話を終えて間もなく、ドリスはロッキングチェアに座ったまま突然亡くなってしまったのです。彼女が話の全容を孫に伝えるチャンスはやってきませんでした。こうして、レストランで降りてきたふたつの情報――ドリスという名前と銃の事故に関する事実確認が取れました。このように奇妙な形で事実確認が取れたのは珍しいケースです。ジムの従兄弟の祖母はジムのことを知りませんでしたが、ジムが従兄弟（ドリスの孫）を知っていたため、彼女はここぞとばかりにメッセージを伝えるチャンスをつかんだのです。僕は情報が結びついたことを嬉しく思いましたが、こんな形の繋がりもアリなのかと完全に困惑しました。その繋がりは何段階も離れているように思えたからです。

　しかし、それこそがポイントでした――僕に「そう思えた」だけなのです！　僕は経験を重ね、あの世の人たちが相互に繋がっている事実にますます気がつくようになりました。この世の次元にいるということは、たとえばニューヨーク・シティの路上にいるようなもので、通りをふたつ越えた向こうで交通事故があっても、地上にいる視点からはその事故を目撃することはできません。でも、もし三十階のビルの窓を清掃している人がいたなら、事故が起こった時にそれを上から見ることができたでしょう。

その清掃員は僕と同じ人間です。単に、彼の居場所からだと遥か下の通りを見おろすことができたというだけなのです。それと同様に、あの世のスピリットたちも僕たちと同じ魂という存在です。ただ彼らの居場所のほうが視野が広いというだけです。そう考えると、ドリスが孫に何が起こっているかを見ていたこと、孫と関係のある人物を知っていたことになんの不思議もありません。そればかりか孫の従兄弟であるジムの人生をのぞくこともできたので、あの世からの通信手段となれる僕を見つけることも可能だったというわけです。

僕のガイドからの説明によると、あの世の人たちには、この世に生きる人たちとコミュニケーションを取りたいという心理的動因がいくつもあるそうです。次に述べるのは、あの世の死者たちが愛する生者たちにサインやメッセージを送りたがる理由と、それらのサインやメッセージが、関係する人たち全員に与える影響についてです。

1．死者は、あの世でも生命が続いていくことを知らせることによって、この世の人たちがもっと自由に、もっと恐れずに生きられるようになることを願っている

人は他界すると、肉体で存在する人間にとっての恐れとその役割について理解します。恐れは生理学的なものであり、危険を察知した時にそれを避けるように知らせてくれる本能的な動機付けです。その目的は、肉体を生かしておくことです。この恐れが心理状態にも影響をおよぼし、人は失うことへの恐れ、痛みに対する恐れ、将来への不安などを経験します。その原動力が、死に際して停止します。生きている間の恐れとその存在理由は、魂にはもはや適用されません。それは信じられないくらいの解放です！

恐れもエゴと同じく、本質的には悪いものではありません。ある程度の不安や恐怖心は、肉体を守るための優れたツールだからです。たとえば熊に追われた時などは、恐怖心があるからこそ肉体を守ることができます。しかしその一方で、恐れが行動を自制させたり、視界を曇らせたりすることもあります。

死後、肉体を気にかけなくてよくなった時にようやく、人は逆境や葛藤や困難が人生に与えてくれた美しいチャンスを理解し、それらを乗り越えることでいかに自分が学んできたかを思い知ります。ひとたびエゴが消えると、生前に自分に恐れを抱かせていた状況をより客観視できるようになります。生前に学ぶべきだった真のレッスン——魂が決して忘れることのないレッスンを認識できるのです。

恐れは人のエネルギーや意図や視点をこの次元に留めます。これまでに何度となく魂から聞いてきた話によると、恐れを手放すことが、スムーズにあの世に移行する鍵になるようです。

2．死者には悟りの見地があり、彼らはそれを分かちあうことで、残された人たちの人生の質を向上させたいと願っている

スピリットは、死後も人生が続くことをわれわれに示したいだけでなく、われわれを導く助けになりたいと願っています。人間の経験を卒業してあの世に移行したスピリットからは、多くを学ぶことができます。経験上これは言い切れますが、彼らには言いたいことが山ほどあるのです！

スピリットは、生前に自分が犯した過ちを通して、残された愛する人たちが学んでくれることを願っています。生前に自分が取った行動の説明責任を果たしたいと望んでいることもあるでしょう。その願いや望みがどんなものであれ、スピリットはこの世にいる者たちの癒やしのプロセスに深く関わることができるのです。彼らは、われわれの人生の質を向上させるためのサポートや励まし、アドバイスを与えることもできます。大局的な視野を得たスピリットは、その広い見解を分かちあうことによって、われわれのためになりたいと思っているのです。

僕のクライアントに起こった、意味深い一例をお話ししましょう。そのクライアントは僕と同じ年頃の内気な女の子で、ほんの数か月前に父親を亡くしたところでした。彼女が僕に会いにきたのは、父親の死から一か月ほど経った頃、毎晩のように父親の夢を鮮明に見るようになったからです。夢の中の父親は彼女が記憶する姿そのままで、唯一の違いは、生前の彼にはあまり感じたことがない厳しいオーラをまとっていたことでした。父親は彼女の前にはっきりと現れ、ボーイフレンドと別れなさいと言いました。彼が誠実ではないからという理由です。

彼女は最初の夜、恋人との関係に不安を感じている、自分の潜在意識がその夢を見せたのだと理屈づけました。それに、父親のことが心に重くのしかかっているからだ、と。次の日の夜も同じ夢で、父親の訪問と潜在意識の投影の両方が合わさって、そんな夢になったのだろうかと彼女は思い始めました。三日目になると、不安になってきました。大好きなボーイフレンドにその夢の話をするわけにはいきません。そんな気まずい話をするなんて考えられない！　というわけで、気がかりな夢につきまとわれて一週間が経った時、彼女は僕にアドバイスを求めることにしました。

それはただの無意味な夢だろうか、それとも本物の訪問の夢なのだろうか？　僕には彼女の父親のスピリットからの答えをほとんど受け取れませんでした——どれだけ繫がろうとしても、彼の存在を感じられなかったのです。これには本当に困惑しました。彼女の亡き父親が夢でメッセージを伝えたがるほどに切羽詰まっているなら、ミディアムを使うチャンスがあればもちろん現れるはずでしょう。

ところが、父と娘の繫がりはとても親密でプライベートなものだったので、彼には僕のような赤の他人に、娘の状況に関する深刻で私的な情報を詳しく伝えるつもりはなかったのです。確かに生前の父もそういう態度を取っていた、と彼女は断言しました。彼女の父親は、家族以外には心を開かない人だったそうです。彼もまた死を通して「相互の繋がり」という視点を得たはずだと思いたいところですが、実際には、彼はまだエゴを手放す過程にありました。結局のところ、成長はひとっ飛びに遂げるものではないようです。

彼女が語る夢も、僕がそれまでに数え切れないほど聞いてきた故人の訪問の夢と同じでした——つまり、飛び抜けて鮮明なのです。そういう夢は現実に起こった記憶のように感じられる、といった報告が数多くあります。通常の夢はしばしば無意味で時系列にも一貫性がなく、大なり小なり曖昧さがある一方で、スピリチュアルな夢には紛れもない明晰さがあります。そして、実際に見ていた時間がどれくらいだったかによらず、スピリチュアルな夢はほんのつかの間の交流として記憶される傾向がありま す。直観的な人にとっては、夢の中での訪問は明瞭で無視しがたいものです。

半年後に彼女から連絡があり、ボーイフレンドとは別れたとのことでした。彼女は亡き父親からのメッセージのことを一度もボーイフレンドに話しませんでしたが、自分の疑いを晴らすために、彼が寝ている間に彼の携帯電話を調べたそうです。残念なことに、父親のアドバイスは正しかったことが判明しました。ボーイフレンドはおよそ三か月にわたって別の女性に感心できないメールを送っていました。あらゆるスピリットが彼女の父親のように執拗なわけではありませんが、確かにスピリットは生きている者に洞察力を与え、人生にはチャンスがあることを示そうとします。

3．死者は、コミュニケーションを取ること、自分の声を届けること、残された愛する人たちに恩返しをすることによって、自らの魂のレッスンを成就させようとする

リーディングでは、メッセージを受け取る人のほうが感情的な解放を経験すると思われるかもしれませんが、メッセージを届けているスピリットのほうにも同じことが言えます。たいていの場合、魂は死後に得た洞察を伝えたくてうずうずしていますが、なかには切迫感をもって何度も執拗に現れるスピリットがいます。僕はそういう場合、彼らは自分の移行段階を進めるためにメッセージを伝える必要があるのだと判断します。ただし、そのスピリットは不幸だから現れるのではなく、ただ使命を感じているだけです。「愛する人が苦しんでいるのを、すぐにでも解決してあげなくては」とか「人生を変えるような学びを分かちあいたい」という思いをわれわれ人間が抱くのに似た感じです。そうした思いが生者に伝わった時、僕にはスピリットの喜びや安堵が手に取るようにわかります。

4．死者は、孤独ではないことをわれわれに知ってほしいと願っている

亡くなった人のスピリットは、自分のエネルギーがわれわれと共にあることを知ってほしいと願っています。誰もが皆、時空を超えて相互に繫がっています。痛みや悲しみは一時的なものですが、スピリットのわれわれに対する愛は永遠なのです。

僕は、孤独で落ちこみ、明らかに苦しんでいるクライアントに何人も会ってきました。愛する故人と繫がることで、彼らが完全に癒やされたとは言い切れませんが、真の慰めを得られたことは確かです。繫がりは、種としての人類に組み込まれているものです。ですから、他者と分かちあい、交流している時が本来のあるべき自分なのです。この相互の繫がりはあの世のほうが明白なため、互いに助け合うべきだということをスピリットは何度も繰り返し強調してきます。われわれは本当の意味で孤独になることは決してありません――人はあらゆる交流を通して他者の人生と繫がり、そこに変化をもたらしているのです。

5．死者は自分の死や一般的な死について、われわれに安心感を与えたいと思っている

これは項目1とも関連していますが、スピリットの多くは自分が亡くなった時のプ

ロセス――その最高にポジティブな経験について、伝えたがっています。彼らはあの世に移行した後に訪れる圧倒的な平穏、そして恐れからの解放について何度も伝えてきます。すべてを迎え入れる存在が光となって現れたようだったと語る者もいれば、神の存在を感じたと言う者もいます。または、肉体的、感情的、精神的な苦痛から一挙に解放されたと語る者もいます。それはすべて死のプロセスの一環であり、あの世に「生まれ変わる」ことを言外に意味しています。

このプロセスを「誕生」と表現するのは、実に完璧なメタファーです。その静寂と決意と「前進」を促す波を、赤ちゃんが次の世界に移行する時の子宮収縮になぞらえることができるでしょう。あの世に移行する時の「魂の収縮」は、苦しみではなく快いものです。その収縮が助けとなって、戸惑い怯えている魂は、低波動の拘束された状態から高波動の状態に移行することができます。子宮の中の胎児が誕生後に経験するであろう変化や成長をすべて把握しているわけではないのと同様に、この世を去りゆく魂も、自分が飛びこもうとしている次の世界を完全に概念化できているわけではないのです。

肉体的な誕生が他の人よりもスムーズな場合があるように、他の人よりスムーズにあの世へ移行する人もいます。いずれにせよ、誰もがそこで人間的な恐れを手放すプロセスを通過します。そうした恐れから生じる醜い感情、たとえば恨みや強欲といったものも手放します。大半の人は、この自然なプロセスに助けられて、あの世で学ぶべきレッスンの邪魔になるであろう俗事を手放します。

しかしながら、ルールには必ず例外というものがあります。珍しいケースではありますが、人によっては肉体の死後、すぐには移行したくないと抵抗して掟破りなプロセスをたどることがあります。人は誰もが次の次元に移行することになっていますが、一人ひとりがユニークな存在であるのと同様に、それぞれの生きてきたプロセス、出自、学ぶべきレッスンによって、その移行方法もユニークなものになるのです。

一般的には、恐れに基づくこの世への執着を手放すことができる人は、スムーズな移行が可能になります。しかし、さまざまな理由からそれを手放したがらないケースもあります。そうなると、移行により多くのプロセスを要するかもしれず、他のスピリットの助けが必要になることさえあります。その場合、ほぼ必ずガイドによる助けという形が取られます——こうしたより面倒な移行プロセスをたどる者が、単独でそのプロセスを通過することはありません。

このプロセスをもっと簡単に、たとえ話でお話しします。

想像してみましょう。あなたと他に二人の人（三人とも無関係です）がカリフォルニアに行く計画を立てています。あなたはカリフォルニアから数時間離れた場所にいて、ガソリンを満タンにした車があるので楽に目的地に到着できます。もう一人はフランスにいるので、飛行機のチケットを購入して何時間もの空の旅をする必要があります。あなたよりも面倒で時間のかかるプロセスを経て、ようやくカリフォルニアに到着するでしょう。残りの一人はカリフォルニアとは地球の反対側にいて、移動手段は漕船しかありません。このように、あなたたち三人は同じ場所に向かうのに、目的地に着く方法や道中での経験はそれぞれの状況や使える手段によってまったく異なります。

移行プロセスが長くかかったり複雑になったりするのは、罰を受けているからではありません。それはただ、その魂が次の形態として続いていく前に、自分がどこから来たかを完全に理解する必要があることを示しているだけです。漕船に乗った魂は、目的地にたどり着くための手段はあっても、到着までのプロセスが他の多くの魂とは少し違いそうです。たとえば、その航路を教えてくれるガイドの助けが必要になってくるかもしれません。生きている間の自己認識の度合いが人によって違うのと同様に、それぞれの移行プロセスもその人の能力や、世俗的な執着とエゴを手放す意欲の度合いによって変わってくるのです。

僕が交信するスピリットは、地獄の話はもちろん、あの世で審判を受けるといった話さえしないように思います。その代わりに、彼らはこの世で取った自分の行動について率直に語り、その行動によって他者の人生に与えた損害について気づいたことを知らせてきます。人は皆あの世へ移行する時に、自分の行動が周囲に与えた波及効果を理解するプロセスを通過します。自分が他者に与えたレッスンや他者が自分に与えてくれたレッスンを、生前よりもずっと客観的な視点をもって、パノラマを観るように振り返ることができるのです。エゴが消えて共感力と視野が拡大すると、この人生を振り返るプロセスが、多次元的な学びのチャンスを与えてくれます。一番初めの瞬間から人生を振り返ることができるだけでなく、遥かに大きな視野で、自分が果たした役割を見つめ直せるわけです。

このプロセスは、謙虚な気持ちと癒やしをもたらします。スピリットはしばしば、自分の人生がいかに変化を起こしたかを理解したことで、自分のために変化を起こしてくれた他者のありがたさがわかるようにもなったと伝えてきます。これはたいていの場合、自分を傷つけた人や、自分を不当に扱った人たちに対して深い共感を得たことを意味します。つまり、その過ちを犯した人はそれが正当だと思ってそうしたのだと理解でき、その人をそういう立場にさせた状況すべてがはっきりとわかるのです。そうしてスピリットは本来の許しを見いだし、それを心から受け入れます。

宇宙における自分の役割はたった一度の生涯に限られないのだと理解すると、人類が、真の意味でいかに繋がっているかがわかり始めます。これが意味するのは、自分自身の魂の存在の深遠さのみならず、周囲の人たちすべての深遠さを受け入れるということです。人は必然的に、移行プロセスでこうしたことを学びます。でも生きている間にこの学びを得られるなら、他者をもっと深く、大きな視点で見ることができます。この世にあっても物事を個人的に受けとめないことを学び、行動は条件付けの結果だと理解し、他者に対して自動的に反応する代わりに彼らを理解しようと意識的につとめることができるのです。その結果、人生は劇的に好転するでしょう。

毎日のようにリーディングをしていると、われわれがいかに生者と死者その両方と互いに繋がりあっているか、いつも思い知らされます。死を通して得られる洞察、つまり自分の行動がどれだけ他者に影響を与えるかという洞察は、生きている間にでも理解しようと思えば理解できる学びです。「人は相手の行動によってその人を判断し、自分の意図によって自分自身を判断する」という言い回しがありますが、人生の見直しをするタイミングをわざわざ待たなくても、相手の意図からその人を判断し、さらには自分の行いによって自分自身を判断することもできるのです。

このようなダイナミクスが組み合わさったケースを、最近母親を亡くしたクライアントのリーディングで目の当たりにしました。彼女と生前の母親との関係は、控えめに言っても問題の多いものでした。その母親は双極性障害の深刻な影響を受け、我が子どころか自分の面倒も見ることができないほどの状態でした。さらに悲惨なことに、クライアントの父親は彼女が生まれて間もなく家を出ていきました。娘の幼少時代を虐待とネグレクトでめちゃくちゃにするであろう母親に娘を残して、家族を捨てたのです。母親は、一連の有害な人間関係や何度にもおよぶホームレス生活、体を蝕む麻薬中毒を経て、最後には薬の過剰摂取で一人きりで息を引き取りました。ティーンエージャーの娘が眠る隣の部屋で。

僕の前に座ったクライアントは、こちらが何か言う前から明らかに情緒不安定でした。僕がリーディングの手順を説明している間、彼女は自分の感情にあまりにも浸りきっていて、話もぼんやりとしか聞いていないように見えました。僕はティッシュで彼女の涙を拭いながら、彼女がなぜ相談に来たのかを必死で説明しようとしているのを察しました。その表情に浮かぶ苦痛は嘘偽りのないものでしたが、彼女がミディアムシップやスピリチュアリズムというものを今まであまり真に受けてこなかったと言った時、僕は少しばかり面食らいました。

まだリーディングを始めてもいないのに泣いている人から、そうした発言が出るのは意外でした。僕はその瞬間、自分のような人間に突然心を開かせるような何かが彼女に起こったに違いないと思いました。あの世との繋がりを強くするために僕が手にできる形見を何か持ってきたかと訊ねると、故人の私物は何も持っていないと彼女は言いました。僕はそういった形見が絶対に必要なわけではないと彼女を安心させてから、目を閉じていつものようにノートにスクリブリングを始めました。

その後に続いた出来事はきわめて珍しいものでした。最初、僕は二人の人物が現れたと思いました。一人目のエネルギーは僕の腹にどしんとくるような重いエネルギーで、暗くよどんだ色のイメージがいくつか浮かびました。僕にとってそのシンボルはトラウマを意味し、浮き沈みの激しい人生を送って悲劇的な最期を遂げた女性の物語を伝えていました。彼女は人生にわたって、子どものような精神状態に心理的にとらわれていたようです。人生において公平なチャンスに恵まれない、生き地獄を味わった人物の感覚が降りてきました。僕はその女性がクライアントの母親だとわかりました。

降りてきた感覚をノートに書きとめながら、僕はもう一人の人物のほうを把握するために間をおきました。その人物を迎え入れようとすると、目をみはるほど対照的な人物だとわかりました。その女性は最初の女性よりもはっきりと、そしてありがたいことに気安く現れてくれました。この二人目の新しいエネルギーは、次から次へとイメージを見せ、落ち着いた母親らしい印象を与えました。心から愛する娘に対して、たくさんのガイダンスを与えたがっています。最初の人物からのヴィジョンが暗く沈んでいたのに対し、二人目からのイメージはこれ以上ないくらい明瞭でした――コミュニケーション能力が非常に高い人物のしるしです。

クライアントには母親的な人物がスピリット界に二人いて、一人が生みの親、もう一人が育ての親なのだろう、と僕は早とちりしました（祖母のような印象をどちらからも受けなかったからです）。しかし、クライアントに母親的な人物が二人いたのか訊ねると、彼女はいないと断言しました。母親が亡くなってからは、おじと暮らしていると言います。

僕は混乱し、ノートに書きとめた情報を見直してそれを読み取ろうとしましたが、うまくいきませんでした。二人目のエネルギーとは強い繋がりを確立できたので、彼女のほうに明確な説明を求めたほうがよさそうです。彼女が他界した時のことを霊視すると、死亡時は中年に差しかかっていた頃だとわかりました。直観でわかったのは、僕の感じ取った肺の重苦しさが呼吸不全を示唆しているということだけでした。若い人によく見られる、薬の過剰摂取による死因です。ただこの二人目のエネルギーは、自分の移行の原因となった状況よりもむしろ、クライアントのキャリアや健康状態についてて伝えたがっていたので、僕には合点がいきませんでした。というのは、死がそのように突然でトラウマ的だった場合は通常、そのスピリットは最初に自分の死について説明をして、愛する人を安心させようとするからです。

ところが、この女性の安心のさせ方は通常とは異なりました。彼女はクライアントのボーイフレンドの名前をはっきりと伝え、近いうちに行われる手術のことや、リーディングの前日にクライアントが交わした特定の会話にまで言及しました。彼女からの情報はすべてクライアントの私生活に関係するもので、僕がその詳細を伝えると、クライアントは全部事実だと認めました。クライアントが最初にわずかに抱いていたであろう懐疑心の欠片は、ことごとく消えていきました。唯一の疑問は、そうした情報を伝えてくる女性の正体です。察しのいい方は、もうお気づきでしょう。

その母親の性格は落ち着いていて、コミュニケーション能力が高く、自己認識ができていました。僕がそう説明すると、クライアントはうつむいて首を横に振りました。彼女が依然として困惑しているのは、サイキックでなくてもわかります。その段階では、僕もまだ困惑していました。

僕は混乱状態で目を閉じました。こんなにも明瞭かつ母親らしい存在感を示しながらコミュニケーションしてきつつも僕を深く困惑させるその女性から、さらに情報を得ようと試みます。一瞬、彼女が僕のマインドに三つの数字を浮かばせました――555。僕はその連続する数字が重要であるのを感じ、それが浮かんできたことに深く感謝しました。そこには僕がよく知る、緊急性の感覚があります。数字の意味はわかりませんでしたが、僕はいつものように対応しました。つまり、浮かんでくるものをただ信頼したのです。

僕がその数字を口にした途端、クライアントは、僕が今日までに行ってきたリーディングで見たなかでも最も感極まった反応を示しました。無作為の連続した数字に対して、そんな反応が返ってくる理由がわかりません。僕にとっては何の意味もない数字です。しかし、クライアントにとって「555」は決して忘れられない数字でした。母親が亡くなった日、クライアントがその部屋に入って遺体を発見した瞬間、ベッド脇のデジタル時計が「5：55」を表示していたのです。

母親の死後、彼女がまだクライアントのそばにいることを示す、顕著なサインや感覚は何もないままに数年が経ちました。そのことは、クライアントがかつて抱いていた「死後も人生が続く」という信念を否定しているかのようでした。ところが、どういうわけか最近になって、彼女はその「555」という数字をいたるところで目にするようになったのです。最初はたまに目につく程度でしたが、彼女はその数字を見る度に母の寝室に入った時の記憶――痛ましい記憶を、一瞬とはいえ恐怖心とともに思いだしました。そして日が経つにつれ、その数字を見る頻度がどんどん増えていることに気づくようになりました。郵便局にいようとスーパーにいようと、値札や住所やレシートなど、さまざまなところからその数字が目に入るのです。

ある晩、仕事から帰ってきた彼女は、目覚まし時計がちょうど「5：55」で止まっていることに気づいてショックを受けました。実際の時刻は午後九時だったので、母親が彼女にメッセージを送ろうとしている可能性を、もはや否定することはできませんでした。彼女は自分が未解決のトラウマによってノイローゼを起こしているのか、それとも母親が本当に何かを伝えたがっているのかわからず、その翌朝に僕を訪ねようと決意したのでした。

こうした事情を聞くと、僕がクライアントの母親と交信していることに疑いの余地はありませんでした。その正体の事実検証ができたので、あとは受け取った情報すべてを再解釈するだけです。どうすべきかは判然とせず、追加情報も降りてこないので、僕はシンプルな方法を取ることにしました。スクリブリングしたページをノートから切り離し、僕が受け取った印象をクライアントに見せたのです。そこには対照的な二人のエネルギーの情報が記されていました。

クライアントは、最初のエネルギーについて僕が書いたものを熱心に見つめました。

混乱した母親を思わせる人物のものです。クライアントは目に涙を浮かべ、僕が書いたものをなぞるように指を滑らせました。「双極性。ネグレクト傾向。コミュニケーション能力の不足」

「これは私が知っていた生前の母だわ」と、彼女は小さな声で言いました。

体じゅうに寒気が走り、僕は人生でも有数の意味深い情報をダウンロードしました。それらの情報はすべて、並々ならぬ熱意をもって娘と繋がりたがっている母親から降りてきたものでした。頭頂部にプレッシャーを感じ、イメージや感覚、細かな情報が押し寄せてきて、より大きなダイナミクスを説明するヒントを得ることができました。

その瞬間、僕は自分が伝えるべきことを理解しました。クライアントの母親の力強い存在感が僕を導き、メッセージの解釈にとまどう僕の混乱を晴らしていくのが感じられました。情報がどっと流れこんできて、僕はその母親が、コミュニケーション手段として実際にシンクロニシティを用いようとしていたことを理解しました。母親は最初からそれを活用しようとしていたのですが、あまりに悲嘆に暮れていたクライアントには、そこかしこにあるサインに注意を払う余裕がなかったのです。

その次に起きた気づきは、ある意味珍しい啓示を与えてくれました。僕は自分が感じていたエネルギーは両方とも、同じ人物のものだと気づきました。その母親は死後、あの世で大きな成長を遂げたため、あらゆる意味で別人のようになっていたのです。魂が飛躍的に進化していたので、僕はそのエネルギーをまったく違う人のものだと誤解しました。コミュニケーションをしてこないエネルギーから印象を受け取った場合、それはクライアントから情報を読み取っているだけであり、今の僕はそれを理解しています。しかし、当時はわかっていませんでした。クライアントから受け取る情報はあくまで故人のスピリットの生前の人生に関するものであって、そのスピリットがあの世で到達した精神状態とはかけ離れている場合があるのです。

生前その母親は、自分が唯一できる方法で娘を愛していました。しかし、精神的な病と化学物質による脳の混乱に苦しんでいた彼女は、深刻なダメージを受けたフィルターを通して考え、行動していました。そのフィルターはあまりに歪んでいたため、病に冒されていなければ愛情深いはずだったその母親を破壊してしまっていたのです。

母親は生前に与えられなかったガイダンスを娘に与え、娘にふさわしい親になりたいと願っていました――今はもう、あの世でそうすることしかできませんでしたが。何よりも重要なのは、母親がいつも娘のそばで娘を愛し、見守っていると伝えたがっていたこと、自分のあの世への移行を象徴するあの数字をシンクロニシティに用いて娘の注意を引こうとしていたことです。サインを送り続ければ娘がそれに気づき、やがてはコミュニケーション手段を見つけてくれるのではないか、と母親は願っていたのです。

死者は、われわれ生者がサインに気づかないからといって怒ったりしません。彼らの一番の目的は、残された者に愛を伝えることだからです。こうしたサインは彼らの愛の証ではありますが、さまざまな理由から気づいてもらえないことがあります。強い繋がりを感じるためには、今回のクライアントが僕を訪ねるきっかけとなった数字のように、より明らかなサインが必要な場合もあります。でも、たとえ気づかれないからといって、サインがそこにないわけではないのです！

この世に現れるスピリットの誰もがその成長と大局観を知らせてくれるように思いますが、なかには魂の旅路を始めたばかりのスピリットもいるので、その理解レベルはさまざまです。人は皆、異なるルートや速度で大局的な見地に到達するようです。

意外かもしれませんが、このルートや速度の違いは、スピリットがこちらと繋がって交信できるかどうかに影響しないみたいです。ミディアムとして仕事を始めた頃の僕は、亡くなったばかりの魂と繋がるのに苦労しました。しかし時を経て、亡くなったばかりの魂とも交信できるのだと知るようになりました。誰もが自分流に、思うようにあの世を進むのであって、それと交信能力とは別の話なのです。

ただ個人的には、移行して半年も経っていない故人のリーディングはあまり好みません。それはスピリットの問題ではなく、クライアントの問題があるから――つまり、悲嘆プロセスを自然に歩むことが最も重要だからです。通常、大切な人を亡くしたばかりの生々しい感情は、故人からの洞察を受け取る妨げとなります。僕の立場からしても、非常に気を取られます。クライアントの強烈な感情を拾って、集中力をそがれてしまいかねません。僕の頭の容量にも限界があるので、そうなると、スピリットがメッセージを伝えるために利用できる能力も限られてしまうのです。

今回のクライアントの場合、母親は、自分が娘のそばにいるというサインをずっと送ろうとしていました。クライアントが直観にもっと心を開いていれば、もっと早くにそれらのサインに気づいていたでしょう。シンクロニシティはあの世からのコミュニケーション方法として最も強力な手段のひとつですが、そのシンクロニシティにこちら側が気づくことが必要不可欠になります。それは、直観を通して気づくものです。

われわれを助けるガイドがいて、愛する故人がこちらと繋がろうとしていても、パズルを完成させるためには直観が欠かせないということです。仮にシンクロニシティを、電話で交信しようとしている故人にたとえるなら、その電話に応答する手段が直観なのです。

愛する故人たちがこれだけサインを送ろうとしているのですから、深遠な経験、説明のつかない経験をどれだけ耳にしようと不思議ではありません。それにもかかわらず、ひとつでもいいから故人からサインが欲しいと願っている人がたくさんいます。たとえあなたにまだそのような経験がないとしても、サインが届かないわけではありません。気づきと信じる気持ち、そして自分の直観への信頼が充分にあれば、そこにサインがある時に察知できるよう訓練することができます――そこであなたは、そうしたメッセージで溢れていることを発見するでしょう。

あの世から交信しようとするスピリットの意図と能力は、彼らが死をも超越してわれわれ生者と繋がっていることを示しています。たとえこちら側がその繋がりに気づかなくても、然るべき時にそれを感じられなくても、繋がっているのです。死後の世界からスピリットがわれわれに手を差し伸べ、メッセージを伝えようとしているという事実それ自体が、彼らの生者に対する深い愛を表しています。これこそが、死者が生について教えることのできるダイナミクスです。愛する誰かに手を差し伸べて感謝を示すなら、そのこと自体が双方の魂の成長と進化、そして癒やしを促す助けになるのです――相手に肉体があろうとなかろうと。

7

クレアボヤントの質疑応答

✶

本章では、僕がよく訊かれる質問に対してお答えしていきます。質問は僕自身のスピリチュアルな経験に関するものから、僕のガイドやスピリチュアルな交流を通して学んだことまで、多岐にわたります。

ひとつ明白なことがあります。宇宙も、スピリチュアリティを形作るメカニズムもあまりに複雑で、われわれがあの世について理解できるのはほんの一部だけです。どんなに聡明で、スピリチュアルな悟りに達しているような人であってもそれは同じです。あの世は、この世とは大きく異なる次元です。僕はどんな質問にでも答えられるふりをするつもりはありません。僕にできるのは、あの世を垣間見て、その解釈に全力を尽くすことのみです。解釈のいくつかに関しては、時を経てより多くの根拠を得られてきています。それらは僕が一貫性や立証、反復性に基づいて判断してきたものです。一方で、まだ判明していないことに戸惑う時もありますし、この世的ではない経験をして途方に暮れることも今日まで多々ありました。

より深い、スピリチュアル指向の質問に対しては、わかりやすくするためにたとえ話や比喩を用いることにしています。質問のテーマのなかには答えが複雑なものもあるため、比喩などを通したほうが説明しやすいのです。答えの多くが完全ではないことを僕は真っ先に認めますが、それは、われわれの世界の向こう側が神秘的かつ無限だからです。それでもできる限り、僕が到達した結論の裏付けとなる実例を、自分の人生や仕事のなかから選んで挙げていきます。読者の皆さんは、自分の心に響いた答えに基づいて自分なりの結論を導いてください。

僕はミディアムとしての自分の義務が、個々のクライアントにメッセージを伝えるだけでなく、自分が知っていることを世界中に伝達することだと理解しています。それを分かちあわずして、なんのためにこの能力を授かったのでしょう！　そういうわけで僕は、個人的な経験を通して発展していった考えや、確証を得られた見解について記録し、伝え続けるのです。

——動物のスピリットも現れることがありますか？

もちろんです！　ペットのエネルギーは、長年にわたって驚くほど一貫して現れ続けています。僕は犬や猫や鳥など、動物として生きた多くの魂と交信してきました。あらゆる生きもの同士の繋がり、そしてわれわれとの繋がりが、その生命力と同様に続いていくことは明らかです。僕はペット・サイキックでも訓練士でもないので、正確に言うと動物と「話す」わけではありません。ですが、故人の亡くなり方やその人生の詳細を知ることができるのと同じように、ペットに関してもそうした情報を知ることができます。それには動物の生命エネルギーから情報を読み取るわけですが、すでにお伝えしたように、エネルギーの情報伝達に言葉は必要ないのです。

動物を飼ったことがある方なら、こうした事実を意外には思わないでしょう。実際のところ、動物が伝えてくる人間との交流のほうが、多くの人間関係よりも親密な場合があります。ですから、動物との関係がその死後も続いたとしても不思議はありません。肉体としての一度の転生が魂の可能性すべてを決定するわけではないのは、人間だけでなく動物にも言えることです。動物の転生にもそれぞれ目的がありますし、彼らは感謝や愛情を伝えることもできます。

僕が経験した動物との最も深い繋がりのひとつは、番組で女優のジェニファー・エスポジートのリーディングをしている時に起こりました。リーディングはニューヨークの静かなパン屋で行われ、僕はそこで、率直で親切なジェニファーと対面しました。彼女はある物を見せてくれました。すり減り、愛用された蝶ネクタイです。

それを握ってスクリブリングしていると、ジェニファーが特定の誰かと繋がることを熱望しているのがわかりました。祖母が現れ、さらに遠い親戚も繋がろうとしていましたが、僕は強烈にアピールしてくるエネルギーから注意をそらすことができませんでした。そのエネルギーは、自分の名前はフランクだと繰り返し主張していました。

僕がフランクに注意を向けると、進行性の衰えを示すシンボル——病院のベッドが視えました。身体的な病気と悪化を象徴するシンボルです。僕は最初、混乱しました。フランクの意識は、自分のあの世への移行に関わった他者がいることをはっきりと示しました。しかし、関わるといっても殺人のような感覚ではないのです。愛する相手の生命維持装置を外す、といった関わり方でさえありませんでした。とにかく、そうした関わり方とは異なることだけは確かでした。

そこで黄金の毛並みのヴィジョンが視え、ようやく僕は、他界した家族が現れているのではないことに気づきました――というか、従来の意味での家族ではありませんでした。大人サイズの蝶ネクタイを握っている僕のマインドに浮かんだのは、ゴールデンレトリバーのイメージだったのです。

僕の一言ひとことにジェニファーは驚きを見せ、すぐに確証を与えてくれました。フランキーは彼女が飼っていたゴールデンレトリバーで、最近、人の力を借りてあの世に移行したそうです。彼女は明らかに心を動かされ、目に涙を浮かべて立ちあがると、別の部屋に行ってフランキーの写真を持ってきました。彼女の愛犬フランキーが、僕の握っている蝶ネクタイを着けていました。

フランキーの魂から明瞭なメッセージは伝わってきませんでしたが、長引く苦痛を経験せずにすんだと感謝していることが伝わってきました。一つひとつの確証が得られるごとに、フランキーの、ジェニファーに対する愛が大きくなるのを感じました。フランキーは飼い主が自分に気づいてくれたことを大喜びしていたのです。ジェニファーが愛犬に対して大きな愛情を寄せていたことは明らかで、彼女は人生の浮き沈みをフランキーが支えてくれたと信じていました。しかし、フランキーにとってはジェニファーが自分の人生（犬生）のすべてだったのです。フランキーがこんなにもはっきりと現れたという事実は、フランキーとジェニファーを結びつける大きな愛が死を超えても存続している証でした。

——動物も転生しますか？

われわれ人間が存続していくのと同じ原理が、意識のある存在すべてに働くと僕は信じています。輪廻転生は非常に難解なテーマですが、その核には魂の進化という考えがあります。意識のあらゆる状態が学びの機会をもたらします。そうした学びの経験が魂レベルで得られる限り、次の転生に進む意味があるのです。

こんな例があります。クライアントの自宅で個人リーディングを行った時の話です。リーディングの三年前、その家で彼のジャーマンシェパードがあの世に旅立ちましたが、彼らの絆は断たれていませんでした。愛犬の亡骸は火葬されて骨壷に収められ、本棚の一番上の棚の目立つ場所に置かれていました。クライアントは長い間悲しみに暮れていましたが、胸の痛みと孤独を和らげるのに役立つかもしれないと思い、シェルターから仔犬を引き取ろうと決意しました。

仔犬は家に到着するとすぐに、先代のジャーマンシェパードが息を引き取った場所に駆けていきました。日々が過ぎて数週間経つと、その場所が仔犬のお気に入りの休憩スポットであることが見て取れるようになりました。休憩スポットとしてはおかしな場所――洗濯室の狭い角です。やがて仔犬は新しい家に慣れました。ある日、仕事から帰ってきたクライアントは、興奮した吠え声が書棚の正面から聞こえてくるのに驚きました。彼は最初、いったい何がその仔犬の注意を何時間もそこに引きつけているのかわかりませんでした。しばらくして、骨壷が注意を引いている可能性に気づいた彼は、それを家の外に出して、仔犬が吠えるのをやめるか確かめてみることにしました。おかしなことに、やめる気配はありません。クライアントは途方に暮れました。

数か月が経ち、クライアントは自分でも説明できないサインが増えていることに気がつきました。仔犬には、先代の犬にまつわる奇妙なこだわりがあるようなのです。懐疑的なクライアントは、その仔犬がただ単に先代の犬の匂いに気づいて反応しているだけだろう、と考えました。しかし、先代の犬の餌入れを置いていた場所で仔犬がずっと餌を待つようになった時、クライアントは何かもっと深い意味があるのかもしれないと思い始めました。さらには、元気いっぱいの仔犬を散歩に連れていくと、先代の犬が晩年に好んだ短い散歩ルートを進もうとすることにも気がついたのです。

この一連の奇妙な出来事を理論的に説明するには、先代の犬が新しい仔犬に生まれ変わったのだと考えるほかありませんでした。リーディングを終える頃には、この新しい仔犬が先代の犬の生まれ変わりである可能性に、クライアントは大きな慰めを感じていました。本当のところ、僕にはどう説明していいのかわかりませんでした——でも少なくとも、共通の飼い主の愛情と友情を分かちあう二匹の犬の間に結びつきがあることを、この新しい仔犬の行動が示していると感じました。

——神を信じていますか？

はい。でもまずは、僕が神と呼ぶものの定義を説明しなければいけません。スピリチュアルな話をする時、僕は天国や天使といった言葉をあえて避け、「あちら側」「あの世」と言うようにしています。天使について話す場合は、広い意味での「ガイド」として話しています。これは単なる言い方の問題ではありません。僕は先入観を持たれている言葉を避け、特に自分の心に響かない言葉は使わないようにしています。できるだけ簡潔かつ正確に表現するために、固定観念と一致するようなラベルを貼らないようにしているのです。

「神」という言葉に含みがあるのは確かです。でも僕が信じている高次のパワーとはスピリチュアルな神であり、厳密な意味での宗教的な神ではありません。このことに関する僕の考えをあますところなく説明するためには、僕の宗教的な背景をお話しする必要があります。そうすれば、その文脈を理解してもらえると思います。

僕はプロテスタントを信仰する家庭に育ちました。幼少期からティーンエージャー期にかけては、教会のユースグループにも礼拝にも参加していました。僕はいつも宗教に不思議な魅力を感じていたので、幼少の頃には将来の道として牧師になることを考えたほどです。僕の知人の多くは完全に、牧師の言ったことに基づいて信仰の解釈をしているようでした。僕はいつも、そこに限界があるように感じていました。僕は自分が生きるうえで信条とする教義の歴史や背景を理解したいと、心から思っていました。ですから、探せる限りの資料をもとにキリスト教のことを調べたのです。

基本的には、教会で教わることにはいくらかの深い真理があるとわかっていました。

特に、宗教が自分に染みこませた感覚には、否定しようのないものがありました。自分の人生に通じる説教を聞きながら教会に立っていると、信徒たち全員に対してスピリチュアルな同類意識が湧きました。高次のパワーとの繋がりを感じ、それはスピリチュアルな導きという形をとって僕の祈りに答えてくれているようでした。そうした感覚は教会の外では得られないもので、祈りや賛美歌や礼拝を通して皆が一体となる時、想像を超えた大いなる何かとチャネリングしているような感覚があったのです。

教会が充実していたのは確かでしたが、快さや相互の繋がりを感じられるのは自分が安らかな気持ちでいる時だけでした。教会は閃きや高揚感、知識を与えてくれると同時に、感受性の強い若者の自尊心を追いこみ、損なう可能性もあることに僕はすぐに気がついたのです。このことは、信徒や牧師が人の在り方について確固たる思想を持っている場合、特に顕著でした。

聖書の独善的な側面に関する歴史的背景を理解するにつれ、聖書をあるがままに捉えるべきだということが明白になってきました。つまり、二千年前の人たちが書いた本として捉えるべきだとわかったのです。彼らは違う時代、違う文化の中で生き、現代社会とはもはやなんの関連性もない法や道徳に従っていました。多くのキリスト教会は、いまだにそうした聖書の物語や教えを文字どおりに受けとめています——女性やゲイを中傷し、奴隷制や一夫多妻制を容認するような時代遅れのセクションでさえも、受け入れているのです。

教会についてもうひとつ気になったのは、信徒を怯えさせて善行に導くために、恐怖心が普通に利用されている点です。恐怖心を起こさせる一番の要因はなんでしょうか？　それは、キリスト信者が考えるところの地獄です。この考えには、完全に当惑させられました。僕は十三歳になる頃には、少なくとも百人以上のメッセージをあの世から受け取り、解釈していました。でも、地獄で業火の責め苦にあっていると訴えてくる人はいませんでした。毎日曜日に聞かされていた話とまったく一致しなかったのです。

それだけでなく、地獄という考えは慈悲深い神という考えと矛盾していました。神が全知全能で永遠であるならば、なぜそうした偉大で驚異的なフォースが永遠の拷問の苦しみをかざし、崇拝されることを要求して時間を無駄にするのでしょう？　卑劣で専制的な人間ならそう振る舞っても不思議ではないかもしれませんが、全知全能の創造主の振る舞いとは思えません。

僕はいつも、自分の信仰の旅路を客観的に見ようとしてきました。そして結局、組織化された宗教を信仰することと自分自身のスピリチュアリティを信頼することの間で、心の葛藤を抱えることになったのです。両者は関連してはいますが、そこには決定的な違いがあります。宗教が希望や絆、展望、道徳的指針をもたらし、それがスピリチュアルな成長の強力なツールとなることは否定できません。しかし宗教は、何よりも信仰心を求めます。それが、特定の教義と礼拝様式に対して無条件に献身している証です。宗教はまた、学び、努力し、継続することを要求します。

一方で僕のスピリチュアリティは、強固なものですが内面から湧きでてくるものです。人生を生きていると自然に導かれるものなので、継続など必要ありません。いくつかの根源的な真理を信頼するだけでいいのです。その真理は、人間が書いたり説いたりしたどんな教義よりも僕の心に響いてきます。

僕は、宗教的な神への信仰からスピリチュアルな神への信仰へと移行しました。万物に責任を負う――そして、万物を相互に結びつける――本質的な創造力を、僕は絶対的に信じています。僕が信じるように育てられた対象は、審判を下したり天罰や恩寵を与えたりする擬人化された神でした。しかし、僕は神を追求した結果、最終的には内面に導かれました。現在の僕は神のことをひとつのフォースとして捉えていて、われわれはその結果であるだけでなく、その一部なのだと考えています。

信徒一同が教会で礼拝をしている時に感じたあの言いようのない充足感を与えてくれたのは、皆で歌っていた言葉の正しさでも、皆が心の支えとしていた教義の正しさでもありません。それは創造主への感謝を表現する信徒たちの間にあった、繋がりの感覚だったのです。その充足感は、宗教などいっさい必要としません。それは自分を超えた力に対する情熱を互いに分かちあい、そのフォースへの無私の献身をもって集う魂のグループであれば感じられるものなのです。僕のスピリチュアルな感覚は、それこそが神の住まう場所だと言っています。それがどんな形で顕現するにせよ、僕はこの源との絆がわれわれ全員と、永遠に結ばれていることを知っています。

——憑依を信じていますか?

人に憑依について訊かれる時、僕は彼らが映画『エクソシスト』のシーンを頭に描いているのだと推測します。たいていの場合この推測は正しく、誰もが悪魔の憑依について詳しく知りたがっているようです。悪魔の憑依とは、自分で主導権を握る状態から文字どおり憑依された状態になって、悪意ある未知のフォースに支配されるというアイデアです。彼らの夢を壊したくはありませんが、僕はまだ、悪魔の憑依として分類されるケースに遭遇したことは一度もありません。

今の時代、悪魔の憑依とされるケースの大半はてんかんや統合失調症、その他の身体疾患によって説明がつきます。「憑依」が現代よりも日常的だった何百年、何千年前であれば確かに、脳や精神疾患に関する近代的な理解はありませんでした。そこで当時の人たちは、安心感を与えてくれる説、自分たちが恐れている何かを制御する感覚を得られる説を考えだしたのです。診断のつかない統合失調症は、擬人化された悪魔の仕業だと見なされていました。その症状に名前をつけ、背景を与えることで、シャーマンに（後世では聖職者に）「祓ってもらう」ことができたのです。悪魔祓い《エクソシズム》は、誰にも理解できない疾病のためにでっちあげられた「治療法」でした。

僕はいわゆる悪魔の憑依について懐疑的ですが、あの世にいる存在がわれわれの人生に影響を与えることは当然あると信じています。たとえばシンクロニシティという形で経験したり、彼らの存在を示すサインを直観的に受け取ったりするなどその影響の受け方はさまざまですが、多くの人たちがスピリチュアルなフォースによる認知的シフトを経験するのを僕は目にしてきました。

それは憑依でしょうか？　僕の定義では、もちろん違います。愛する故人から直観的に印象を受け取ったり、人生を歩むうえで助けとなるサインに繰り返し気づいたりするのは、憑依とはまったくの別物です。そうした印象やサインは人の意識を変性させますが、それを受け取った本人は自分の体や心の主導権を握ったままです。憑依と聞いた時に思い浮かぶ、無力感のようなものは起こりません。

もし実際に悪魔の憑依があるとしたら、それは非常に熟練したミディアムに起こるとしか思えません。たとえ起こりえたとしても、かなり特殊な状況でのみ起こるものでしょう。能力はあるけれど知識のないミディアムが、強烈な身体的、精神的、感情的な印象をスピリットから受け取って、それを自分自身が「憑依」されたことによる兆候だと誤解することはあるかもしれません。そのミディアムは、降りてきた情報と自分自身の思考や感情を置き換えてしまうほどに情報を受信しやすく、暗示にかかりやすいタイプなのでしょう。実際トップレベルのミディアムでさえ、その能力によって刺激過多になることはあっても、自己認識やアイデンティティの感覚を失うほどではないと認めています。こうした理由から、「憑依された」挙動が霊的な領域に起因すると考える前に、まず精神疾患を疑ったほうが賢明だと僕は考えます。

特定の宗教コミュニティでは悪魔の憑依が信じられて（そして恐れられて）いますが、そうした信念や恐れは、スピリチュアルな介入ではなく専門家による精神的な治療介入が必要な人々を、さらなるトラウマに陥れるだけです。悪魔や悪魔の憑依という考え自体が――地獄という発想のように――スピリチュアリティではなく恐れや支配に根ざしていると僕は信じています。

信徒を「悪魔」から救うという行為は、組織化された宗教が個人に宗教を頼らせるための手段になりえます。そして、個人を（実際には罹患していない疾患を）「祓う」過程で、本人が責められてしまうことが多々あります。専門的な精神科医療が必要なだけなのに、ライフスタイルの選択、あるいは個人的な欠点のせいで深刻な苦痛に繋がる扉が開いてしまったとされるのです。実のところ、その苦痛は医学的には本人のせいではないのですが。

スピリチュアリティに関して言えば、不必要に恐れるのではなく、正直であることが重要です。悪魔の憑依は本当に起こりうる、心配すべき事象だということを裏付ける証拠など僕は一度も見たことがありません。

――あの世から受け取るもののなかで、一番よくあるメッセージやテーマはなんですか？

あの世との交流は毎回ユニークなものになりますが、僕は彼らがよく似たようなテーマを伝えてくることに興味を引かれます。個々の生前のライフスタイル、経歴、死因によらず大半の魂は、程度の差はあれ、次に挙げるテーマの重要性を強調します。

1．許し

およそ魂が選択できるもののなかで、許すと決めることほど解放的な選択はありません。生前とても頑固だった人でさえ（そういう人はとりわけ）、自分が怒っていた理由がなんであったとしても、その怒りはくだらなく無意味だったと認めます。彼らはよく、いかにして不幸――不愉快な状況に直面し、そこに意識を集中させることにともなっていたもの――を手放すかを、あの世に移行してから学んだと教えてくれます。

精神的に安定した大人であれば、子ども時代の苦しみ、あるいは自分をいじめた相手に対してさえも恨みを抱かないかもしれません。それと同じように、あの世にいる死者も、成長し進化して自分自身や他者への理解を深めます。死は次のステージであり、生前の人生がスピリチュアル面の青年期であっても、死を通じて成熟期へと進化していくのです。

あの世にいる死者たちはしばしば、レッスンを学び終えると苦しみにしがみつく必要がなくなると伝えてきます。われわれの存在は死後も存続するため、永遠になんらかの問題にしがみついていれば、大きな重荷になるでしょう。視野が充分に広くなると、怒りや恨みは留まり続けることができなくなるのです。

2. 被害者なのか生徒なのか

ひとたび意識からエゴが消えていくと、生前にどれだけ学びのプロセスを自ら遅らせてきたかが見えてきます。被害者意識、敗北感、無力感というのは成長には繋がりません。ですが、この世に生きている人はよく、抜けだせない罠にはまった気分になることがあります。あの世ではそういうことは起こりません。

魂はしばしば、生前に他者が演じていた重要な役割に、あの世に移行してから気づいたと伝えてきます。たとえるなら自分は実は上演中の役者で、自分の役を演じながら他者がそれぞれの役を演じるのを見ていたのだ、と認識するに近いと。ある場面で主役同士が喧嘩したとしても、カメラが回っていないところではその役者同士は仲がよく、親友だということもありえます。そんなふうに、人生で自分に苦しみを与えた人たちも、ただ単に自分の役割を演じていただけなのです。あの世に移行すれば、両者の魂は仲よく調和しているかもしれません。

魂はまた、自己妨害――生前の自分の自己破壊的な面、自分で自分の幸福を邪魔していた面について、理解が深まったと伝えてくることもあります。程度の差はあれ、人は誰しも自己破壊的な面を持っているものですが、生きている間にそうした悪癖（と機能不全に陥る傾向）を克服する選択を意識的にしたいものです。

自分のプライドを脇に置けば遥かに楽に苦労なく生きられたはずだ、と死者から僕は数え切れないほど聞いてきました。

移行プロセスのなかでもきわめて興味深い作業のひとつが、人生の振り返りです。人生を振り返ることによって、いかに自分の条件付けが他者や自分自身に影響を与えていたかがわかるからです。人生の振り返りについて語る時、「生前に自己認識を深めて、自分の条件付けに生活の質を左右されないようにしていれば、もっとたくさん学べたはずだった」と多くの魂が伝えてきます。

こうした理由から、より自己認識を深め、思考や選択や状況にそれをできる限り反映させていくことが推奨されるのです。障害に直面したらその中に学びを見つけ、そこで得た教訓を忘れないように心がければ、被害者意識から抜けて前進していく役に立つことでしょう。

3．感謝

僕にとって、死後の世界の最も魅力的な特典のひとつは、感謝の気持ちの増大です。僕は魂たちから何度もこのことを聞いてきました。その新しい感謝の気持ちは、見識の広がりにともなって生じるのだろうと思います。魂によると、生前には認識できなかった、出来事と人々の相関関係やその意味合いがわかるようになるそうです。生前は無感動だった人たちでさえ、あの世から大きな感謝を表現します。エゴが抜け落ちた魂は、この世で経験するネガティブな感情にとらわれることなく、困難が学びのプロセスで果たしていた役割を理解できるようになるのです。

生きている人たちがあの世にいる死者たちと同じくらい人生に感謝することができれば、その幸福度は劇的にあがるでしょう。毎日を、最初で最後の日のように生きることができるはずです。実際あの世にいる死者たちは、今この瞬間に生きることに集中しなさいと奨励してくることがよくあります。そうすれば、過去へのこだわりや将来に関する不安でマインドを曇らせることなく、十二分に感謝しながら生きることができるのです。

自分が何を持っているかを思いだすと、自分が何を持っていないかに注意を向けていた頭が解放されます。感謝は多いに越したことはなく、感謝しすぎということはありえません——感謝すると地に足がつき、今この瞬間（そしてあらゆる瞬間）において本当に大切なことが明らかになります。

——過去生退行は有効ですか？　それは役に立つものですか、それとも危険ですか？

僕は退行催眠が役立つことはあると信じていますが、それを勧めるのは躊躇します。大半の人が過去生を覚えていないのには、それ相応の理由があると思うからです——過去生を覚えていると、今回の人生で学ぶはずのレッスンから外れてしまうことがあるのです。過去生の記憶やトラウマを追体験することで起こる心の動揺に、時間やエネルギーを費やす価値は普通はないでしょう。

ただ、いくつかの例外もあります。たとえば何か特別な、トラウマ的な過去生の記憶を生々しく回想することがあるような人には、その経験の背景を理解することがプラスに働く場合もあるでしょう。それを理解して初めて、その記憶の囚われに終止符が打たれるからです。しかし、過去生の記憶に苦しんでいるのでなければ、わざわざ過去生を掘り起こすという行為は注意して行われるべきだと思います。

現代のわれわれが知る過去生退行は、ニューエイジ運動が支持し、推奨してきたものです。それは、意識を拡大して魂の経験した領域と再び繋がるものとうたわれてきました。でも僕は、今生の魂の経験が教えてくれるものに充分満足しています。人は生きている間に、目の前の状況を受け入れて自分を磨いていくためにできる限りのことをするべきです。それだけでも手に余るくらいです。それに過去生退行は、その追体験に対する心の準備ができていない人にとっては、予期せぬ結果になることもあります――うっかり何に出くわすか、誰にもわからないのですから！

――タロットカードはスピリチュアルな洞察を得るために活用できますか？

タロットカードも、スピリチュアルなツールのうちの一つです。スピリチュアルなツールには占星術、ルーン、タロットカード、鏡のワーク、茶葉占いその他いろいろありますが、こうしたものはどれも、直観的な人が情報を収集するのに用いるツールです。タロットカードにも、トランプと同じくらいスピリチュアルなパワーがあります――そもそもどんなカードもそうなのですが。カードは読む人がすべて、つまり、ツールの効用はそれを使う人の腕次第です。

タロットカードは僕自身も使用したことがありますが、情報を整理して解読するために思考を組織だてる役に立つと思っています。直観力に秀でた人でも直面する一番大きな問題は、降りてくる印象が支離滅裂だと特に、正確な情報を見分けるのが難しいということです。そういう時、タロットカードは関連するシンボルの参考書のような役割を果たしてくれます。腕利きの使用者ならカードを参考にして、直観的に受け取った印象それぞれが何を示しているか、明確に判断するでしょう。

　実のところ、僕はどんなスピリチュアルな仕事にも同じことが言えると思っています。いかなる仕事にも、その従事者の能力に応じた正確性と信頼性があるだけです。本物の占い師であれば、自分のスピリチュアルな側面やマインドフルネスの状態が、ライフスタイルと一致している傾向にあるでしょう。カードや鏡、ルーンストーンを使う人が情報を受信しやすいマインドになれるかどうかは、そのツールよりもマインド次第なのです。こうしたツールは直観的な情報を整理するのには役立ちますが、情報を生みだすわけではありません。腕利きの占い師は、カードに現れるものだけでなく直観に導かれることが、占術プロセスの本質だと理解しています。

――あなた以外の、若いミディアムに会ったことはありますか？

あります！　ただ、若くしてミディアムの仕事に従事している人の数は多くありません。なぜなら、この能力に恵まれた者がそれに気づき、それを受け入れ、意図的に実践してそれを磨くには何年もかかることが多いからです。僕たちより前に活動していた先輩ミディアムたちがいなければ、ミディアムシップは今のように広く話題になることもなく、僕たちがオープンにこの能力を示すことも難しかったでしょう。

似たような経験を持つ同年代のミディアムに会うと、驚くほど勉強になります。仕事の進め方はそれぞれで、専門的な知識や技術を比較すれば共通点は少ないかもしれません。それでも、第六感に従って人生を歩んでいる他の人たちと共感しあえることは、格別な心地よさを与えてくれます。若者には若者なりの課題があるのは万国共通ですが、その人生経験をサイキックな視点を通して見るということが、まったく別の複雑さを付加するからです。

しかし、こういう話はある種のタブーとなっているので、広く語られることがありません。多くの若いミディアムは鋭敏すぎる感覚に悩まされ、「否定された」「疎外された」と感じて心を痛め、結果として不安に苛まれます。年配のミディアムのなかにも、この能力にともなう責任や重荷に対処するのに苦労している人たちがたくさんいます。

あらゆる答えを知っているだろう、人々の悲嘆を癒やせるだろうと期待されるというのは大きな負担になることがあり、その負担は誰もが引き受けられるものではありません。次の世代のミディアムたちが結束して、お互いを支えあうことが大切です――なんといっても、僕たちは仲間なのですから。

――ミディアムは遺伝性のものなのですか?

これに関しては、僕の考えはまだ中立的です。僕自身の能力が両親のどちらかから引き継がれたものだとは感じません。二人とも、人並みの直観はあるものの、ミディアムとしての兆候は示していないからです。

この質問の核心は、超常的な能力が自然に備わっているものなのか、磨かれるものなのかということでしょう。直観が鋭くなるのには生物学的素因があるのでしょうか、それとも特別な環境（たとえば、身近に自分以外のミディアムがいる等）に育つと直観力が発揮されやすいのでしょうか？　本人がその能力にどう対処するかは持って生まれた性質や育った環境と関係するかもしれませんが、能力の源それ自体は遺伝とも環境とも関係ないと僕は確信しています。

遺伝や環境に起因しないのだとしたら、どうして僕がこの能力を授かったのでしょう？　僕が育った家庭では幽霊の話題など出ることもなく、ましてや直観や予知能力を進んで受け入れるなど考えられませんでした。僕には小さい頃から特別な知覚がありましたが、それは他の感覚と同じくらい自然で無意識的なものだったのです。「ミディアムのなかには、ある特定の転生でこの道に進むという魂の目的を持つ人もいるのだろう」と説明するしかありません。

とはいえ、誰もが直観を備えていて、程度の差はあっても直観的印象やメッセージを受け取ることができる、という僕の意見に変わりはありません。

では、なぜ僕の能力はこれほどまでに極端なのでしょう？　それはたとえるなら、誰でも絵を描くことはできるけれど、生まれ持って得意な人もいれば技術を磨くのにかなりの練習とモチベーションが必要な人もいる、というのに近いでしょう。非科学的な答えですが、この説明は他のさまざまなミディアムについても言えることだと思います。

――あの世にいる死者は、他のスピリットがこの世と繋がるのを妨害することができますか？

それは可能ですし、起こることもあります。リーディングにおいては、交信を図ってくるスピリットのうち、最も明瞭で強力なコミュニケーションができるスピリットと繋がることを目指しますが、たいていはコミュニケーション能力の高いスピリットが、それほどコミュニケーション能力が高くないスピリットの話にうっかり「割りこんで」きます。それは流れのなかで結果的に起こるだけで、そこに他意はありません。

また、死者があの世でエゴを手放している過程にある場合、大小さまざまな思い込みを持って現れることがあります。これは薬物使用が原因で両親を亡くした青年のリーディングをした時のことですが、彼の母親の魂は、彼の父親のエネルギーを凌駕する勢いで現れました。その母親は、父親には息子が聞くべき類の情報を伝える準備ができていないと感じていたからです。言い換えると、その父親はまだ自分の人生や死の意味を処理する過程にあったので、他の誰かに集中する前に自分に集中しなければならなかった――と母親は考えたわけです。

想像に難くないと思いますが、グループリーディングでは、強烈な勢いでコミュニケーションを図ろうとするスピリットたちに圧倒されることが多々あります。ですから、グループリーディングを行う前には、スピリットが秩序よく現れるように意図を定めておきます。たとえば、特定の原因で亡くなった人たち全員に一緒に現れてもらえば、整理がつきやすく、誰が誰なのかを判別しやすくなります。

しかし、どれだけ意図を定めても、僕のスピリットガイドに頼らざるをえない時もあります。スピリットガイドが手伝ってくれる時は、「門番」の役割を果たしてくれます。門番として、あの世のスピリットたちが皆、一人ずつ順番に現れることができるよう整理してくれるのです。どこから始めていいのかわからない時、これはすごく助かります！

――相容れない情報を受け取ることはありますか？

ごくまれですが、あります。人は死んだからといって、すぐに答えをすべて知るわけではありません。人は死によって突然全知全能になるわけではなく、だからこそ魂は、学びと成長を続けるために何度も転生するのです。ですから、スピリットは個々の経験に応じた多様な思考をともなって現れます。そのスピリットがどの程度エゴと折り合いをつけているのか、その度合いによって、僕もどの程度その意見を重視すべきかがわかります。

たとえば、クライアントの祖母が現れて、クライアントのボーイフレンドが気に入らないという印象を伝えてきたとします。その祖母が生前も正当な理由なく同じような意見を持っていたという場合、彼女はまだ偏りのない視点で見ることに取り組んでいる最中なのでしょう。人生の振り返り作業は瞬時に起こるのではありません。生者がこの世で経験から学ぶのと同様に、あの世の魂も、生前の自分の人生がどういう意味を持っていたのかを学び続けているのです。

僕のガイドから相容れない情報を受け取ったことはありません。彼らのエゴはずっと昔に抜け落ちているので、彼らは人間の関心事による偏見というものを持ちません。彼らガイドは感情的な思い入れを抜きにして情報や事実を伝えることができるため、物事の仕組みを理解するうえでとても役立ちます。

――宇宙人を信じていますか?

信じています! この宇宙にはさまざまな形態の意識があり、必ずしも人類だけが「知的な」生命体ではないと思います。宇宙の壮大さを考えると、宇宙には人類しかいないはずだと主張するのは世間知らずで自己中心的です。リーディングで宇宙人の魂が現れたことはありませんが、その必要などあるでしょうか? 死者の魂が現れるのが愛する生者と再び繋がるためだとするならば、地球外の宇宙人が現れるのは理屈に合いません(『E.T.』のエリオットをリーディングしているのなら話は別ですが)。

スヌーキに初めて会った時に、この質問をされたことを覚えています。宇宙人が存在するかもしれないという説が気になったのでしょう――多くの人にとっても気になる話題です。映画やテレビは死後の世界のスピリットに対する人々の捉え方を歪めてしまいましたが、地球外生命体の捉え方についても明らかに同じことが言えます。ただ単にそういった不思議な存在を知らず、理解もしていないために、人々のなかで恐れの気持ちが勝ってしまうのです。自分が理解していないものは空白になっているため、恐れがその空白を不安や推測で埋めてしまうというわけです。

人類以外の種の意識が存続し、スピリチュアルに進化するのと同様に、われわれがまだ認識していない種も存続して進化を続けるのだと僕は信じています。そうした未知の生命体は、その生涯と死後について人類とはまったく異なるプロセスと解釈を持ちあわせている可能性が高いですが、いずれにしても彼らのエネルギーは存続します。僕のガイドたちも、われわれ人類がまだ理解していない存在《エンティティ》が実在すると、はっきりと認めています。彼らガイドがそうした存在《エンティティ》について言及する時は、それを「悪魔」や「天使」、あるいは「未確認なんとか」などとは呼びません。

僕は未確認生物学にとりわけ関心があり、モスマン伝説といった特定の事象は、超次元的な存在がなんらかの形でわれわれの次元と交流している事例なのではないかと思っています。ガイドやスピリットがこの次元と接触できるのだとすれば、「他の存在は立入禁止」などと誰が言えるでしょうか？
　宇宙人とはアメリカ中西部の住民を眠っている間に誘拐する緑色の小さな生命体だ、などという考えに縛られないことが大切です。人類が知的な地球外生命体を発見する日がいつか来るかもしれません。その生命体は、人々が恐れているような存在とはかけ離れていると僕は考えています。

――スピリットの生前の写真を見たら、その人だとわかりますか？

　わからないことが多いです。そう答えるとよく驚かれるのですが、これには理由があります！　大半の人は僕の能力を、映画『シックス・センス』とサイキック・シャレード〔訳注／スピリット相手の連想ゲーム〕が合わさったようなものだと推測します。現実はというと、スピリットが情報を伝えるには、たとえ相手がミディアムであっても多大な努力を要するのです。
　僕が起きている間に交信をするスピリットは、自分の生前の外見を細かく伝えることに余計な集中力を使わない傾向があります。夢の中だと、僕の顕在意識が印象を受け取る邪魔をしないので、全体的なイメージを詳しく伝えるのは遥かに簡単です。僕からすると潜在意識下のほうがずっと、明瞭なイメージを受け取りやすいのです。故人の形見を握ってスクリブリングすると、自分の潜在意識と部分的に繋がり、感覚的な印象や断片を受け取ってつなぎ合わせることができます。そういうわけで、印象を夢で受け取る場合は別として、通常は生前の彼らの「外見」が詳細に視えるわけではありません。

その代わり、スピリットはサインやシンボル、実在する人やものなどを使って、生者が最も理解しやすい形で交信してきます。たとえばリーディング中にクライアントの父方の祖父が現れた場合、僕が最初に受け取るヒントはたいてい、僕自身の父方の祖父のヴィジョンです。大半の魂は、僕の人生や経歴を知るガイドたちの助けを借りて、僕が人生で経験したことのある特定の事象になぞらえ、クライアントの人生の現況がわかるようにしてくれます。

これには素晴らしい側面があります。頭の中のこのシンボル辞典を使ってスピリットとの交信を重ねるほどに、僕の語彙が増すのです。このプロセスを繰り返していれば、受け取るメッセージの詳細もどんどん精度をあげてわかってくるはずです。魂が用いるイメージやシンボル、比喩は日増しに多岐にわたってくるので、実際のところ僕の精度はあがるばかりです。辺りをうろつく人物の全身像が視える、といった具合に直球ではないかもしれませんが、僕はこのシンボル的な言語を理解するようになりました。この霊能力を使った解釈は謎解きのようなもので、学生が外国語でぴったり当てはまる単語を見つけた時のような満足感を、僕はこの謎解きで得ています。

——スピリットがあなたに話しかけるとのことですが、逆に、あなたからはどの程度メッセージを伝えたり質問したりできるのですか？

僕から質問できるかどうかは、スピリットとの繋がりの明瞭さによって決まります。超常的なコミュニケーションはダイレクトです。意識と意識がテレパシーで繋がるのです。繋がりは、意図を放つこと——僕の意識とあの世のスピリットの意識のいずれもが行います——によってのみ、確立できます。この世にいる側とあの世にいる側の受信力はそれぞれ異なりますが、特定の印象を放つ（つまり、その印象に意識を集中させる）意図を定めることが、メッセージを伝えるうえでの基本的な手段となります。

スピリットからのメッセージが質問の場合もあります。スピリットが現れて、クライアントに質問をするように要求してくると、僕は「えっ」とちょっとびっくりしてしまいます。スピリットは視野が広いとはいえ、すべてを知っているわけではないと気づかされるからです。

コミュニケーション能力の高いスピリットが現れた時は、僕はよく質問をして、答えが返ってくるかを確認します。ただ、繰り返しになりますが、答えが返ってきたとしても、彼らの説明は僕自身の短い人生経験になぞらえることのできる範囲に限定されます。

リーディングの最後にはたいてい、スピリットに対する質問はないかとクライアントに尋ねるようにしています。たとえ質問に対して即座に答えが返ってこなくても、その意図を放っておくと、参考になるメッセージが追加で届くことがあるからです。

僕が得てきた個人的な洞察のなかで最高のものは、僕のガイドたちから教わったものです。ガイドからの答えは通常、「ダウンロード」――特定のテーマに関して複雑な束になった情報を受け取ることを、僕はそう表現しています――されて得られます。ガイドたちからこうして流れてきた印象の数々が、僕が本書で述べている考えの多くの基盤をなしています。

　スピリットと交信する僕の能力は僕と交信する彼らの能力に左右されますが、交信相手が僕のガイドたちの場合は話が別です。ガイドたちと繋がる時は（彼らが傍にいる時は）、馴染みのあるテリトリーにいる感覚です。彼らは非常に一貫性があり、交信するには最も頼りになる相手です。とはいえ、彼らが何者なのか、どういった存在なのか、僕は依然として多くを知りません。質問をする度に、少しずつその答えに近づければいいなと願っています。

――リーディングに現れるシンボリズムについて、例を挙げながら説明してもらえますか？

　シンボルによるメッセージは、最もわかりやすく効率的な交信形態のひとつです。

簡潔であるばかりか、複雑なテーマでもたったひとつのイメージでわかりやすく伝えることができるからです。僕が頻繁に受け取るシンボルと、それの解釈法について例をいくつか挙げましょう。

スピリットと繋がる時は、スピリットとクライアントの関係性を判断する前に、まずスピリットの性別を判断します。青は男性を、ピンクは女性を意味します。そこから出発して、たとえば僕の父方の祖父のヴィジョンが視えた場合、そのスピリットはクライアントの父方の祖父だと判断します。僕の幼馴染のティムが一瞬浮かんだなら、早逝した誰かが現れているのだとわかります。

スピリットは僕のガイドたちの助けを借りて、僕と面識がある人々、僕と関係性がある人々を引き合いに出し、メッセージを伝えてきます。たとえば、スピリットが現れて、僕の隣人のキャロルのヴィジョンが視えた場合、そのスピリットは自分のメッセージにキャロルという名前が関係あることを伝えようとしているわけです。

現れたスピリットが誰なのかを判断することはひとつの課題ですが、そのスピリットのメッセージをちゃんと伝えることはさらに困難な課題です。

次に挙げるのは、特定のシンボルと、そのシンボルに対する僕個人の解釈です。

◆**ボトル、赤い鼻**――アルコール依存症

◆**鳥かご、檻**――罠にかかった感覚、停滞感、行き詰まった感覚

◆**円**――行動の連鎖

◆**閉じた目**――状況を理解していないこと

◆**ひび割れた地面**――破局、別れ

◆**汚れた窓**――頭がはっきりしていない状態、認識不足

◆**両向きの矢印（⇔）**――二人の間の物理的（地理的）な距離

◆**鳩**――精神疾患からの解放

◆**下向きの指**――自分に注意を向けている状態

◆**上向きの指**――他人に注意を向けている状態

◆**病院のベッド**――進行性の健康悪化

◆**レース、ヴェール**――結婚（式）

◆**暗い色**――トラウマ

◆**リボン**――癌

◆**直線**――気持ちの整理、安定、平穏

◆**破れたレース**――離婚
◆**白い薔薇**――許しと気持ちの整理
◆**窓**――開けた視野、精神的に明晰な状態

これらのシンボルは、ひとたびその意味を理解すれば、わりと簡単に解釈できると思うかもしれません。難しいのは複数のシンボルが同時に視えた場合で、それはそれぞれのシンボルが互いに情報を与えあっていることを意味します。例を挙げましょう。

白い薔薇（許しと気持ちの整理）、**ボトル**（アルコール依存症）、**直線**（気持ちの整理、安定）

この三種のシンボルが続けて視えた場合、僕はまずアルコール依存症にまつわる状況があったと推測します。そして、その状況に対して気持ちの整理がついたことがかなり強調されているとわかります。このメッセージをクライアントに伝えた後、次に判断しなければならないのは、「誰が」アルコール依存症に対処したのか、「なぜ」ス

ピリットは気持ちの整理を強調しているのか、「いかに」正確にそのメッセージを伝えるかということです。

僕はここで、汚れた窓のシンボル（通常、生前の自分の明晰性の欠如をスピリットが認識していることを示します）が現れるのを待つかもしれません。もし実際に汚れた窓が視えれば、そのスピリットが生前、アルコール依存症が原因の精神機能障害に対処していたことを伝えようとしている可能性がうかがえます。

自分に視えるもの、感じるものに従うしかないので、僕は伝わってくる情報に基づいて、経験を活かした推測をするほかありません。クライアントにシンボルを説明して、それが僕にとって何を意味するかを伝えると、たいていはクライアントがそのメッセージの言わんとしていることを理解します。しかし、もしシンボルの解釈だけを伝えてその結論に至ったシンボルの説明を何もしなければ、メッセージの解釈を誤る可能性が高くなります。場合によっては僕が視ているもの、感じているものを正確に説明するだけで、いかなる解釈も必要とせずにクライアントがはっきりとメッセージの意味を理解することもあります。

シンボルが連続で視えてもその意味が解釈できない場合、僕は通常、必要な情報を埋めるために他の感覚を頼ります。他の感覚を頼って情報を受け取ることが重要だというのには、こうした理由があるのです。これは、文章の断片をいくつか聞き、その関連性から結論を導く作業にちょっと似ています。個々の印象を分析してから、理路整然としたメッセージに翻訳する必要があるということです。

肉体というコミュニケーションツールを持たない死者は、意図を通じた独自の交信手段を考えだします。たとえば耳の不自由な人が手話を使うように、シンボルや感覚的な印象を通しても、言葉で伝えるのと同じくらい深いところまでメッセージを届けることができるのです。

――誰にでもスピリットガイドはいますか？　そうだとすれば、何人いるのですか？

スピリットガイドのいない人には会ったことがありません。彼らのような超次元的存在は、とても深いレベルでわれわれと交流することができます。スピリットガイドはわれわれの命を救うためにいるのでも、われわれを害から守るためにいるのでもありません。彼らガイドは、こちらが必ずしも理解できない理由から、独自の基準に従って介入します。彼らはわれわれが魂の進化の道を歩むのを導き、時には、われわれが独りで歩んでいるわけではないことを知らせてくれます。彼らが訪問やシンクロニシティなどを通して交信してくる時は、たとえその本人がまだ暗闇にいたとしても、正しい道を歩んでいると保証してくれているのです。

――自分のガイドを名前で呼ぶのは重要なことですか？

最初は僕もガイド全員のことを、名前とともに知っておきたいと思っていました。テレビに出ているサイキックは往々にして自分のガイドのことを「チーム」と呼んでいたので、僕は彼らの親しい関係性を羨ましく思っていました。僕も自分のスピリチュアルなチームメイトのことを知りたかったのです。シルビア・ブラウン〔訳注／作家、サイキックとしてアメリカで活躍していた〕は自身のスピリットガイドであるフランシーヌと常に交信していると主張していましたが、僕自身はそのような継続的な交信は経験したことがありません。

最初に僕の主たるガイドとして現れたのはウォルターですが、その後、ガイドたちの現れ方に変化がありました。たとえば人間の集団として夢に現れたり、一瞬のヴィジョンのうちにシンボルとして現れたりとその現れ方はいつも違い、幅広く変化しました。夢の中での訪問で動物の姿だったこともありますし、ごくまれにですが、何かを象徴する、あるいはメッセージを伝達する無機物として現れることもありました。

僕が彼らの正確なアイデンティティを突きとめられたことは一度もありません――彼らにアイデンティティがあるとしての話ですが。でも、突きとめられないのには理由があるのかもしれません。スピリットガイドに名前があると、彼らをどうしても人間のように見てしまいます。それに、名札をつけたところでこちらの気休め以外になんの意味もないでしょう。名前や正体が判明している守護天使のように、スピリットガイドという観念にも名前があれば安心感は増すかもしれませんが、僕は人生の旅路を導いてくれるフォースのすべてを知らなくても構いません。それは最も美しく深遠な神秘のひとつであり、時間をかけて理解していければいいと思うからです。昔は自分に付いているガイドの数や名前を知ろうとしていましたが、それに費やしたエネルギーの半分でも瞑想や直観力を磨くことに注げば、彼らの導きからよほど恩恵を得られると今では理解しています。

なぜ彼らの正体がはっきりしないのかについて、何度か洞察を得たことはありますが、その答えは意外なものでした。僕が受け取ったヴィジョンはガイドの謎めいた面を、役者が説得力のある演技をするためにプライベートを守る必要性にたとえていました。もし大衆がその役者の私生活を知りすぎていれば、その知識が邪魔をして、役者が演じる役柄に没頭できないかもしれません。ガイドたちはそれと似た意味合いで、彼らの正体ばかりに着目するのではなく、彼らが示そうとしているガイダンスに意識を集中するようにと強調していました。彼らの魂はその次元において、アイデンティティではなく直接の行動——さらにはその結果として得られる成長を、重要視しているようです。ですからわれわれは、自分の人生をより良いものにするために、彼らの洞察と繋がることに全力を注ぐべきです。そうすることで、彼らへの理解も深まるでしょう。

——これまでのリーディングで、とりわけ記憶に残っているものはありますか？

もちろん、どんなリーディングもしばらく印象に残りますが、個人的により強く影響を受けたリーディングがいくつかあります。初期のリーディングで特に感情を揺さぶられたケースがあり、それは今でも記憶に残っています。最初、そのリーディングは通常のものとなんら変わりありませんでした。クライアントは中年女性とそのティーンエージャーの子ども二人でした。僕たちはリーディングを行っていた店の小さな部屋で座り、女性が形見をひとつ見せてくれました——指輪です。僕がリーディングの手順を説明すると、三人の繫がろうとする熱意が感じられました。

その指輪を手にした瞬間、ボトルと鳥かごときれいな窓が視えました。これら三種のシンボルが示すのは、アルコール依存症、人生に囚われて行き詰まった感覚、そして明晰さを得た状態です。僕が視えたものを説明すると、母親が泣きだし、子どもたちが彼女を慰めました。

そこに現れた男性のスピリットは、自分自身について伝えることには遥かに無関心で、僕の正面に座っている彼の妻に注目していました。彼は自分の苦しみについても言及しましたが、自分の死に対して妻に罪悪感を抱かないでほしいと強調しました。先述したシンボルが視える時はたいてい、スピリットはわりと明白な状況を示しています。

つまり、アルコール依存症の夫が行き詰まりを感じて他界し、あの世で明晰さを得たという状況です。わかりやすいですよね？

確かに、部分的にはこの解釈で合っていました。しかしそのリーディングにおいてそれらのシンボルは、僕がそこから得られるどんな解釈よりも、クライアントにとっては大きな意味を持っていたことが判明しました。彼女の説明によると、夫の飲酒問題が引き金となり、彼女は夫をリハビリ施設に入院させました。夫の命と家族と結婚生活を守るためです。ところが、施設でアルコールの解毒治療を受けている間に、夫が亡くなってしまったのです。

精神の明晰性を示すシンボルは、彼が亡くなる前にすでに明晰な状態になっていたことを示していました――日々アルコール漬けの状態が何年も続いていたのに、死の瞬間、彼はその長年の間で一番、頭がはっきりしていたのです。彼の精神状態は何か深刻な問題が起こっていると察知できるほどに明晰で、その施設にいる間にもし医療的緊急事態が起これば、妻が彼をそこに連れてきたことで罪悪感にとらわれてしまうということもわかっていました。

彼の妻を目の前にし、僕は彼女の苦しみを感じて言葉をかけることもできませんでした。彼女は夫に人生を取り戻すための治療を受けてもらおうとして、その最期の場所となる施設に入れてしまったのです。夫は彼女に罪悪感を手放してほしいと思い、自分の死が彼女の責任ではないことを伝えてきました。彼女が全員にとって最善のことをしていただけだと、彼は最終的に理解していたのです。

このように状況は往々にして複雑で、さまざまな事情が折り重なるため、ミディアムである僕ですら視えたものをそのまま示すしかない場合があります。最終的に三人は、家族が彼のためを一番に思っていたことを彼本人が理解していたのだと知って、リーディングを終えることができました。彼をリハビリ施設に入れたことは悲劇的な不慮の事故を招きましたが、彼の家族への愛は、自分の死にまつわる状況すべてを凌いでいたのです。

——自分の能力のおかげで、両親について明らかになったことはありますか？

あります！　ひとりっ子の僕は常に両親の人生に深く関わってきました。その結果、僕はしばしば、両親が決して話さなかった過去について詳細を知ることになりました。たとえば、こんなことがありました。親戚の集まりで、母方の半分だけ血の繋がったおじたちと話していた時のことです。母は数年ぶりにきょうだいと会ったのですが、僕は誰かが欠けているという感じを振り払うことができませんでした。子どもだった僕にとって、これは自分が授かった能力のなかでも一番つらい部分でした——まったく理由がわからない感情や感覚に圧倒させられるのですから。

親族会は続いていましたが、僕は頭に浮かぶ言葉を無視できませんでした。「双子座《ジェミニ》」という言葉です。特定のシンボルはある特定の意味を一貫して伝えている、ということを数々のリーディングを通して学んでいた僕は、「双子座」というシンボルが双子《ツイン》を意味することを理解していました。しかし、どう見ても、そこに集まった親族たちに双子はいません。

その日の夜、僕が感じていたことを母に説明すると、母が真剣な表情になりました。母の説明によると、彼女が生まれた時、二卵性の双子の片割れが子宮内で死亡したそうです。それは家族にとって触れられたくない話題だったので、それまで話題になることは決してありませんでした。

なぜ母の双子の片割れが僕の頭に浮かんだのか、はっきりした理由はわかりませんが、親族の集まりだったからだろうと推測するしかありません。その片割れである彼の魂は、実際に会ったことのない家族とまだ繋がっていることを表現したかったのかもしれません。生まれた家族のもとで生きることはありませんでしたが、母の双子の片割れは、自分が見守っていた家族を今も大切に思っているのでしょう——そして、彼も集まりの一員として参加していることを皆に知らせたかったのかもしれません。

——リーディング中、なぜあんなに汗をかくのですか?

僕の冠番組が初めて放送された頃、この質問をよくされました。番組を見た人なら、リーディングを終える頃になると、僕がたいてい全身汗だくになっていることに気がつくでしょう。これは、交信が強烈すぎる時に起こるものです。相手のスピリットと初めて交信する場合、そのスピリットが、自分がどの程度の強さで僕にメッセージを降ろせるのかをわかっているとは限りません。そういうわけで、たとえばそのスピリットが他界した時に経験した、深刻な肉体的苦痛を僕が拾ってしまうということもあります。

そうした苦痛などをはっきりと受け取るのは、確証を得るという点では役立ちますが、僕の肉体的負担という点では役立ちません。たとえば死因が心臓発作の場合、そのヴィジュアル的なシンボルだけを受け取るほうが僕としては好ましいのですが、スピリットが自分の死因を伝える手段として、僕に胸の痛みを感じさせるしかないという場合もあります。

今後は肉体的な交信の比重を減らし、もっと心を通じてリーディングを行えるようになりたいと願っています。結局のところ、どんなメッセージが、どんな形で降りてくるかに関して僕にはほとんど主導権がないわけですが、その情報の伝達に関しては僕が主導権を握ることができます。僕に痛みをもたらしている原因をひとたびクライアントに伝達すれば、ありがたいことに、通常その痛みは消えていくのです。

例外的に、超常的な原因とはかけ離れた理由で汗をかいていることがあります――照明が強すぎるのです！　撮影にはとても強い照明が必要なので、まぶしい照明に照らされて一時間も過ごすと、本当に暑いです。でも、もし僕が撮影場所に入るずっと前からすでに汗をかいていたら、それはおそらく直観的な感覚が原因で、照明とはなんの関係もありません。

——子どものほうが大人より直観に優れていますか？

たいていの場合はそう言えます。子どもは合理性や教義による先入観にとらわれていません。大人のように直観的な体験を無視してしまわないため、子どものほうがずっとそれを受け入れやすい状態にあります。でも残念なことに、成長するにつれて「ただの想像だよ」、「それは全部、頭の中の空想だね」と言われることが増えていきます。そうして彼らの受信力も弱まっていくのです。特定の宗教的信念（あるいは懐疑論）をひとたび取り入れてしまうと、直観を受け入れるための視野は狭まります。

僕は多くの人が子ども時代にスピリチュアルな体験をしていると思うのですが、それを極端な想像のせいだと片付けてしまっています。でも、本当に想像なのでしょうか？　僕は自分がミディアムだと知る前の六歳頃、あるスピリチュアルな体験をしたのですが、長い間それを頭から締めだしていました。

それは、親族の集まりの準備をしていた時のことです。僕は何人かの親戚と一緒に祖母宅に滞在していました。子どもは僕と従兄弟の二人だけでした。僕たちは興奮してなかなか寝つけず、夜中の二時になっても暗闇の中で目が冴えていました。ベッドの上であぐらをかいて壁にもたれていると、少し開いた扉から薄明かりが漏れていることに気がつきました。僕は従兄弟を安心させるために、キッチンの明かりだと言いましたが、本当は自分自身を安心させるためでした！　そうして従兄弟に説明しながら、次に見えたものに僕はぎょっとしました。

はっきりしない人影が廊下の向こうのキッチンからやってくるのを、確かに見たのです。その影は2・5メートルくらいの高さで、扉に向かって廊下をゆっくりと歩いてきました。そして、キッチンからの薄明かりを遮る程度の短い時間、扉口に立っていました。僕は最初、背の高いおじの輪郭が見えたのだろうと思いました。そこで声をかけると、その人影は何も言わずひっそりと廊下を歩いていきました。

従兄弟もその影を見たと言い、僕たちは真相を究明することにしました。そして、じゃんけんで負けたほうがこの部屋の安全圏から出る危険を冒すということになり、僕が負けました。親戚の誰かが、夜更かししている僕たちをからかおうとしただけだと思いながら、僕はリビングルームに足を踏み入れました。そこで僕は、いびきの音に迎えられました。家に滞在している全員が、リビングルームのソファやリクライニングチェアでぐっすり眠っていたのです。背筋がぞっとしました。さっき扉口に現れた何者かは、行き止まりになっている廊下を歩いていったことになります。あろうことか僕は、まさしくその廊下を歩いて部屋に戻らなければいけませんでした。廊下の暗闇に顔を向けると、全身に鳥肌が立つのがわかりました。そして僕は、その状況ならどんな子どもでもすることをしました——一目散にダッシュです！　暗い部屋に駆けこむと僕はすぐに電気をつけ、肝をつぶしながら、さっきの悪夢のような訪問者は家族の一員ではなかったかもしれない、と従兄弟に説明しました。

　僕は子どもの頃に説明のつかない体験を数え切れないほどしましたし、他の人たちからも同じような話をたくさん聞いてきました。子どものほうがスピリチュアルな体験をする傾向があるのには頷けます。普通の大人たちを無感動にさせてしまう、長年にわたる条件付けを浴びていない子どもたちは、透明な器のまま、そのオープンさで自然に受信するのです。時間や制限を気にせず、心の赴くままに偏見なく没頭する子どもたちの姿勢を見習えば、僕たち大人も彼らのようにオープンになれます。言い換えるなら、それは瞑想状態です！

――訪問か夢か、どうやって見分けるのですか？

愛する故人の夢を見ると、人はよく、訪問を受けたのだろうかと考えます。しかし、それが故人の死後の訪問ではない場合も確実にあります。悲嘆プロセスにあると、その喪失感に向き合って対処する手段として、そういう夢を見ることが珍しくないのです。たいていの場合、故人の訪問は普通の夢とはまったく違います。訪問の夢は鮮明ではっきりとしていて間違えようがないので、普通の夢ではないと明らかにわかります。夢によっては、訪問と潜在意識の作りごとが混ざっている可能性もあります。たとえば、愛する故人と夢で会っているのは確かだけれど、夢の中の背景はまったくもって潜在意識の産物だという場合もあります。

僕が夢の中でスピリットの訪問を受け始めた頃、彼らの最優先事項は、僕が目覚めた時にその訪問を覚えていられるようにすることでした。毎夜受けていた彼らの訪問の回数から察するに、僕がそのメッセージを伝えられるようにするのが彼らの意図です。可笑しいことに、彼らは訪問の夢をとてつもなく印象深いものにするためのユニークな手段を使ってきました。たとえば誰かの祖父が現れた夢では、彼が自分の胸を指さすと大きな爆発が起こり、僕の視界は一面オレンジと赤の炎に包まれました。僕は驚いて息をのみ、誰もいない部屋に向かって尋ねました。「あれはいったいどういう意味だったの？」

するとすぐに同じ人物が現れ、心臓発作の印象を送ってきました。明らかに、彼が心臓発作で亡くなったことを口頭で説明するだけでは、僕の記憶に残る夢にはならなかったでしょう。一晩の夢で現れる数え切れないほどのスピリットたちに負けないよう、彼は特別な印象を送って僕の記憶に残ろうとしたのです。確かに彼の目的は果たされました！　その後、あるクライアントのリーディングでその彼が現れました。クライアントは生前の祖父が極端な性格だったことを認め、現れる際に大げさな手段を取っても意外ではないと言っていました。

――魂の契約に関して、もう少し教えてもらえますか？

魂の契約という考えはニューエイジ運動によって世に広まりましたが、それが具体的に何を指すかについての定義はさまざまです。よくある定義のひとつが、魂の契約はある魂と魂を永遠に結びつける、というものです。僕はこれまでに千回以上のリーディングを行い、そうした結びつきが本当に存在すること、同じ魂同士が複数の転生にわたって特別に繋がっていることを示す証拠をたくさん見てきました。

しかし、そこで起こっている実際のメカニズムは、サイキックの会合やスピリチュアルな集まりで僕が見聞きしてきた定義よりも遥かに複雑です。自分の顕在意識が相手のことを知っていると思いだすよりも前に、実は相手のことを知っていた、という考えに人は魅了されます。それはわれわれが相互に繋がっていることのひとつの証ですから、わからなくもありません。「説明のつかない親近感をおぼえた」という話を聞くことがありますが、それは当事者の魂に特別な学びを与えるという、深遠な目的を果たすのに役立つのだと思います。僕はまた、それぞれの魂が共通の意図を定めて一緒に転生することも可能だと信じています。当事者たちはこの、いわゆる魂の契約に意識的には気づいていないかもしれませんが、直観や内なる羅針盤が否定しようのない引力で互いを引き寄せていると気がつくこともあるかもしれません。

人間の転生における魂の契約は、相性のいい相手とだけ交わされるものではありません。自分の最も偉大な師が、自分に困難を与え、自分の能力を試してくる人物であるというケースも多々あります。親子関係、友人関係、敵対関係、兄弟姉妹など、考えうるあらゆる人間関係において、奥深い人生の教訓を耳にします。彼ら当事者は、魂の契約を示唆するサインに気づき始めることもあるでしょう。そうしたサインは、並外れた親近感や相性（一触即発の関係などもありますが）といった形で現れる傾向にあります。

こうした強烈な関係、特にネガティブだったり困難だったりする関係のダイナミクスは、その当事者が相手の人生で自分が果たす役割を深く理解していくと、解消される場合があります。しかし、そのようなネガティブなダイナミクスには、相手に内在する動機を理解する努力をしなければ、それが認識されて解消されるまで延々と繰り返されるというリスクがあります。これがしばしば心を蝕む関係、愛憎関係、共依存などに発展するのです。そうした困難な関係にいる自分に気づいた場合は、そこに深いダイナミクスが働いていると認めることが重要です。相手が押してくる「苛立ちスイッチ」から学べることはたくさんあります。たとえ魂の契約を結んでいても、それに翻弄されないようにしなければいけません。

僕がリーディングをしたカップル、ジェイソンとテイの間に、明白な魂の契約を視たことがあります。十代後半の二人には、明らかにままごと恋愛ではない、切っても切れない絆がありました。二人の関係には恋愛的な結びつきだけではなく、それぞれが他の人に感じたことがないような結びつきがあったのです。二人は相手に対して親のようなサポートをし、恋人としての愛情を注ぎ、きょうだいのような理解を示すなど多くの役割を果たしていました。しかし大変な時期には、たったひとつの関係において家族全員分に匹敵する機能不全を経験していました。

二人の間には激しい浮き沈みがありました。ジェイソンは抑うつ症に悩み、テイとの関係を維持することはおろか、食べることもベッドから出ることもできなくなっていました。僕が二人の相談に乗っていた二年の間に、テイは、人を愛すること以上に大切な何かを学ぶためにジェイソンとの関係は存在しているのだという気づきを深めていきました。その関係はテイに、彼女自身のことを教えていたのです。ジェイソンが抑うつ症に陥るのを見ているうちに、テイは自分の中にも抑うつ症と闘っている部分があることを理解し始めました。でも、友人や家族の前では自分のそうした一面を隠していることができました。彼らは状況がどうであれ、いつでも幸福そうにしている人たちだったからです。ジェイソンは、自分の感情をコントロールできない状態をテイに見せることで、自分の感情に素直になるとはどういうことかを彼女に教えていました。このとても苦しいレッスンを学ぶなかで、テイはそれまで見つめたことのなかった自分の感情――自分自身も抑うつ症に苦しんでいたということ――に触れることができたのです。

大半の人が途方もなく苦しいものだと考えるであろう状況を抜けだすことで、テイは心の健康状態、ひいては人生を改善するための措置を講じることができました。

ひとたびテイが抑うつ症の治療を受けると、ジェイソンとの関係にも変化がありました。二人の否定しようがない相性のよさは決して損なわれませんでしたが、二人はそれぞれが相手から受け取るべく定められていたものを受け取ったことに気づいたのです。ジェイソンは闘病の支援を受け、テイは自分の苦しみを明確に知りました――最終的にはそれが、彼女の人生を好転させるカタルシスとなったのでした。

二人は今でも親しい友人で、幸いなことに、僕が二人と出会った頃ほどには抑うつ症にも苦しんでいません。自分たちの関係に潜むダイナミクスを深く理解してからというもの、二人は健全なやり方で前進できるようになり、自分たちの結びつきはずっと変わらないのだと受け入れることもできました。そうした事実にもかかわらず、二人は恋人同士でいることはどちらにとっても健全な選択ではなくなったことを承知し、その代わりに友人でいることを選択しました。それは互いの魂の結びつきから学ぶための、素直で健全な選択でした。

——ソウルメイトに関するあなたの見解は？

あえて言いますが、このテーマはあまり好きではありません。クライアントの恋愛事情に関してアドバイスできないわけではありませんが、皆にありがちな期待がわかりすぎるのです。「僕の、私のソウルメイトの名前を教えて！」といったような。ソウルメイトは世界のどこかにいる、自分との出会いを待っている完璧な相手——

誰もがそんな印象を抱いているようです。誰にでも自分と相性ぴったりのスピリチュアルな王子さま、お姫さまがいる、という考えは滑稽であるばかりか、有害ですらあります。そんなふうに考えていると、まったく健全な、困難だけれども精神的成長を促す本物の関係を、多少の問題があるからという理由だけで台無しにしてしまいかねません。相手が「ソウルメイト」なら、「平凡な相手」との関係につきものの不調和や相違に苦しむことはない、と人は想像します。しかし、不調和や違い、意見の相違、許し、和解――それこそが人間であることの醍醐味なのです！

　そもそも、ソウルメイトはたった一人だけではありません。深いレベルで共感できる魂は、現在にも過去にも数多く存在します。そうした数知れぬ人たちを「ソウルメイト」と呼ぶことはできますが、彼らはもともと恋愛対象ではありません！　僕はどちらかというと、プラトニックなソウルメイトの関係、たとえば親子のような関係を目にすることが多いです。ソウルメイトとは単に、この次元で再会することに同意した別の意識のことなのです。

　幸せな、健全で満たされた関係を築くのに、ソウルメイトは必要ありません。それよりもパートナーと精神面、肉体面、スピリチュアル面で相性のいい関係を築き、自分に何ができるかを相手から学ぶことのほうが重要です。それは愛や慈悲、忠誠、強さ、無私、犠牲といったテーマに関する大きな学びになります。反対に、ソウルメイトという無理のある基準を相手に求めると、非現実的な期待に繋がることがあります。どちらもスピリチュアルな成長ができない関係など、誰が望むでしょう？ 人生に困難が生じるのには理由があるのです！ パートナーとの共通点を見つけ、互いの違いにおいて妥協と受容のバランスを取っていくことが、進化のための健全な方法でしょう。

——どうすれば直観を通してガイドと接触できますか？

先述したように、ガイドというのは僕にとって、今でもいろいろな意味でなかなか捉えがたいテーマです。とはいえ、彼らとのコミュニケーションを意識的に促す方法は確実にあると思っています。直観を鍛えるために必要なプロセスと同じで、それには瞑想と、頭の中のおしゃべりを鎮めることです。思考が鎮まれば鎮まるほど、印象やガイダンスを受け取るための余白が増します。

ガイドからの交信は、最初は些細で単純なものに思えるかもしれません。それは時に、頭に浮かぶ脈絡のない考えにすぎない場合もあります。あなたはおそらく、自分だけが自分のあらゆる思考の源泉だと、当然のように思っていることでしょう。でも実は、ガイドが伝えようとしているメッセージの基本的な意図を察し、それを自分の意識的な思考として処理してしまうということが意外によくあるのです。

たとえば、ある状況に動揺したまま眠りについたところ、起きた時に頭がはっきりしていた、解決策さえ見つかっていたという場合、ガイドが閃きを与えてくれた可能性も考えられます。どうやって見極めるのか？　その鍵は、ガイドがこの次元との意思疎通に用いるユニークな「言語」を学ぶことにあります。人はそれぞれ、異なる経験をします。だからこそ、自分のガイドの正体や数に気を取られるのではなく、シンクロニシティに気づくことにエネルギーを注ぐのが重要なのです。どんな答えを受け取ろうとそれを受け入れようという姿勢があるのなら、手始めとして、サインを意識的に求めるという方法もあります。

僕自身が自分のスピリットガイドと交信するなかで学んだことがあるとすれば、彼らの行動は予測不能だということです。彼らはより大きな計画に従い、われわれの人生におけるレッスンを円滑に進める手助けをしているようです――けれども、彼らのやり方はわれわれ人間の理解を遥かに超えています。彼らは万物の相互の繋がりをはっきりと見通しているからです。偶然の出来事や偶然の一致、意識が織りなすネットワークを通してコミュニケーションを図る彼らの能力は、まさに驚異的です。

――精神疾患のある人は、亡くなったらどうなりますか？

生前に精神疾患に苦しんだ人のスピリットが現れたことは何度もあります。彼らは全員、あの世ではそうした精神状態に制限されていないと知らせてきます。身体疾患に苦しんだ人たちにも同じことが言え、たとえば癌で亡くなった人は移行した次元ではそれを患っていません。それは人間の肉体に起こる疾患だからです。生前に自分が精神疾患だとは知らずに苦しんでいた、と伝えてくるスピリットの数の多さにはしばしば驚かされます。それは意外によくあることなのです。

あの世での成長プロセスを通して、彼らは生前に直面した困難の奥にある根本原因を理解するようになります。精神疾患はさまざまな形で発症しますが、われわれはそれを正しく理解し、適切に治療する方法を学び始めたばかりです。メンタルヘルスケアの手段が限られていた年配の世代に特に言えることですが、その世代に生きたスピリットたちは、生前に抱えていた問題の多くが、当時は診断されなかった精神疾患によって説明がついたと認めています。こうした理解に至ると、それが当人の癒やしに繋がる場合が多くあります。その疾患イコール自分ではないと知って、安堵するからです。同じように苦しんだ遺族もまた、その説明によって癒やされることがあります。

　精神疾患は、意識にかかった「フィルター」になぞらえることができます。あの世に移行すると、そのフィルターはその人の性質の一部ではなくなります。数え切れないほどのスピリットが人生の振り返りを経てやってきて、生前に専門家による精神ケアを受ければよかったと伝えてきます。彼らは精神的な問題を抱えている人たちに、利用可能な援助を求めることを勧めています——かつてないほど多くの支援形態が今はあるのですから。

――どうすれば本物のミディアムを見分けることができますか？

まず、ミディアムには最低限の情報しか与えないことをお勧めします。スピリチュアルなプラクティショナーと会う場合は、自分が信頼している人からの紹介を受けるのが確実でしょう。プラクティショナーは施術を行っているわけですから、医療アドバイスを受けるのに一分ごとに一ドルかかる有料ダイヤルに電話をしようなどと思わないのと同様に、直観プラクティショナーにも妥当な基準が適用されるべきです。サイキック分野でプロとして働いている人なら誰でも、クライアントによる推薦状を――ウェブサイト掲載用に選んだ都合のいい推薦をひとつ、ふたつではなく――持っているべきでしょう。

本当に能力のあるミディアムなら、自然に支持者が集まり、顧客がつくと思います。ガイダンスを探し求めている人が大勢いる世の中ですから、本物のガイダンスを与えられるミディアムは簡単に見つかるはずです。この理由から、何年もその仕事をしながら顧客がほとんどいないサイキックに対して、僕はうんざりする思いがあります――あえて集客していないなら話は別ですが。正確に予知し、確たる情報を与えられるサイキックなら、問題なくビジネスを繁盛させられるはずです。

アドバイスに関しては、その情報源をしっかり判断してください。プロだと公言するサイキックが、一度に十ドル請求しながら事業の継続がままならないという場合、そのサイキックはむしろ、直観を使って自分に本当に合う仕事を新しく見つけるべきです。また、信頼できるスピリチュアルなプラクティショナーであれば、時間を取って自分のリーディングのやり方を説明し、クライアントからのいかなる疑問にも答えるはずです。クライアントが質問に答える場合は、答えはイエスかノーだけにしておきましょう。それから、自分のボディランゲージを意識することも覚えておいてください。本物のプラクティショナーは、リーディング中にクライアントの一挙手一投足をじろじろ観察すべきではありません。サイキックがどこに注目しているかはあなたもわかるはずです——降りてくるメッセージよりもクライアントであるあなたのほうに注目している場合は、要警戒です。

この仕事ができると主張する偽物のサイキックが存在するのは残念なことですが、常識的な判断力をもって彼らから自分を守ることは可能です。本物のミディアムが相手ならすばらしい経験をできるはずですし、世の中には本物がたくさんいます！　情報を検証することを恐れず、はっきりしない曖昧なメッセージを聞いた時はいったん心に留めておきましょう（その意味が後から判明することもよくあります）。そして相手が本物ではないと感じた場合は、体よくその場を去りましょう。相手が自分と共鳴するかどうかは、すぐに感じ取れるはずです。あなたの勘を信じてください！

――何百年も前に亡くなった人がリーディングに現れたりしますか？

厳密に言うとそれも起こりえますが、僕の前に現れたことはありません。魂は普通、生者に特に伝えたいメッセージでもない限りは、ミディアムの僕に過去生のことを示しても意味がないと考えます。何世紀も前に生きて亡くなった人たちの場合、彼らの肉親や愛する人もすでに移行して、あの世で再会しているはずです。たとえばエイブラハム・リンカーンの魂が現れたら興味深いとは思いますが、彼のほうでぜひとも伝えたいメッセージがあるかといったら、おそらくはないでしょう。

僕は亡くなった歴史的人物と常に交信しながら生活しているわけではありませんが、

場所に染みついたエネルギーに気がつくことはよくあります。直観的な人間として、そうしたエネルギーに気がつくのは特に興味深い場合もあります。というのも、その場所で最近、あるいは昔に起こった出来事が残した印象を読み取れるからです。必ずしも誰かが現れて話しかけてくるわけではないですが、僕はその物理的な環境で起こった出来事を直観的に感じ取ることができます。

行動や反応が場にエネルギー的印象を残すのと同様に、過去に戦場だった場所や殺人が起こったエリアにもエネルギー的印象が残っています。程度の差はありますが、誰かが亡くなった場所では、その人と直接の交信をせずとも、その人の中で喚起された感情を感知することがあります。

僕がたとえば夜間に無人のショッピングモールに行くと、日中の客の行き来を感じるかもしれません。そういうわけで、ニューヨークや、ロサンゼルスの人通りが多い場所などに行くと本当に圧倒されます。過去の残存エネルギーの上に、次から次へと新しいエネルギーが積み重なっているからです。直観的な人間にはそのように堆積したエネルギーはまとまりのない情報の塊のように感じられるので、それをかき分けて自分ひとりで情報を処理していくのは疲れます。それゆえに、スピリットと繋がる時には意図を定めることが重要なのです。そうすると僕のガイドたちは、僕がリーディングでクライアントが聞くべき情報と繋がれるように手助けをしてくれます。

――悪い知らせを伝えることもありますか？

悪い知らせ、の意味合いによって答えは変わってきます。僕はリーディングを始める前に短い瞑想をして、クライアントが聞くべきガイダンスと繋がるように意図を定めます。そうして受け取るガイダンスは、どんなものであれ理由があって受け取るのだと信じているからです。僕がシンクロニシティを通して学んだのは、まったく脈絡のないガイダンスなどほとんどないということ、そして、僕がリーディングをしている時は、クライアントの進路にポジティブな影響を与える何かを伝えるためにそこにいるのだということです。

僕は毎回リーディングを行う前に、クライアントになんらかの形で役立つ情報とのみ繋がるように意図を定めます。そうでなければ、繋がる意味などあるでしょうか？

僕は未来が完全に確定しているとは思っていません。それを踏まえつつ、僕はクライアントがある領域で歩む道筋を大まかにつかみます。もしも未来に感じの悪い結果が視えた場合、それをクライアントに伝えることで何かプラスになるのだと僕は理解しています。たとえば、医療的緊急事態が起こるのを止められるかもしれないし、避けがたい出来事に対して心の準備をする時間を与えられるかもしれません。いずれにしても、受け取ったものはそれぞれなんらかの目的を果たすのです。

僕は変えられるものは変えたほうがいいと思っています（残念なことに、死と税金はほぼ確定していますが）。たいていの人はどちらかというと、戒めや警告よりも励ましや証拠を必要としています。だからこそ、リーディングがしばしば驚くほどの救いをもたらすのです。つまり、進むべき道筋の正しさを立証して勇気づけると同時に、進むべきではない道から外れるよう指針を与えてくれるということです。

場合によっては家族の問題から中毒問題に至るまで、かなり重たいテーマに触れることもありますが、こうしたテーマは通常すべて、未来に起こったことへの「後知恵」の視点で伝えられます。そこにはその問題に関する批判や判断などなく、情報はクライアントの理解を助けるために知らされます。時には聞くのがつらい情報もあるかもしれませんが、それは成長のためには絶対不可欠なものです。

――配偶者に先立たれた後に（複数の場合も含め）再婚した、というスピリットが現れたことはありますか？「共に永遠の時を過ごす」などと誓うこともありますが、複数回の結婚経験がある人はあの世でどうなっているのでしょう？

結婚はあの世には適用されない、と聞くと人はたいてい驚きます。二人の間における儀式的、法的な結びつきである結婚は生涯にわたる（のが望ましい）人間同士の合意ですが、死後には続きません。なにしろ、「死が二人を分かつまで」の誓いですから。だからといって、完全な別れである必要はありません。法的な結婚が肉体的な死によって終了したとしても、二人の魂の結びつきが弱まるわけではないからです。生前に結婚していたというスピリットたちが一緒に現れることもよくあります（あの世でも交流するくらいですから、依然として互いのことが好きなのでしょう！）。

亡くなった人がその死後に、生前の自分の人間関係についてまったく新たな理解を得て現れることに僕は魅了されます。たいていは、恐れとエゴが混ざりあっていない視点が、生前には得られなかった結論を得ることを可能にします。つまり、機能不全だった結婚生活を深く見つめてそこから学び、停滞やネガティビティに寄与していたどんな感情にも整理がつくということです。

数多くの異なる転生を通じて、人は数多くの他者を愛します。数多くを愛するからといって、一人に対する愛の価値が下がるわけではないことを忘れないでください。魂は広大無辺ですから、多くの源からの愛と結びつくのは当然のこと——そして、美しいことなのです！

——あの世での人間関係に関する知識を得て、一夫一婦制に対する考えは変わりましたか？

われわれの魂が数多くを愛し、また愛されながら存続していくものだと知っても、僕は依然として、この世では一夫一婦制がそれに惹かれる人にとっての役割を果たしているると思っています。結婚が死後も続くかどうかなど知らなくても、一緒にいる相手に感謝し、その付き合いを楽しむことができます。むしろ僕は、自分たちが進化するにつれてその関係も自然に進化すると知っているからこそ、今ある関係に対する感謝や尊重の思いが増します。関係が終わることを恐れていると、その関係が続いている間に本来なら楽しめることを心から楽しめなくなってしまいます。だから僕は、今この瞬間にある物事のあるがままに感謝することを重視します。

付き合いの長さとその重要性を混同しないでください。大切なのは、その関係が続いている間にどのような絆が結ばれ、どのような学びが得られるかということなのです。

――人生について死者から教わったことで、最も深遠なメッセージはなんでしたか？

基本的に死者は皆、自分が意識という大海の一滴にすぎないという認識をもって現れます。この拡大した気づきには謙虚な気持ちにさせられますが、死者たちからすると、すべての存在が相互に繋がりあっていることに畏敬の念をおぼえるようです。この世にいる生者が学ぶべきレッスンは明らかで、その相互の繋がりを生きているうちに発見できるようつとめることです。それには、他者への思いやりを持つことです。最も幸せな人が最も与える人であるのには理由があります。自我を賛美し、自己中心主義と不安感を助長する近代社会において、エゴを剥ぎ取るという行為は人生に安堵と衝撃の両方を与えます。ひとつの凝り固まった見方で自分を認識することが当たり前になっているからです。エゴを剥ぎ取ることで、人は自尊心の欠如や精神疾患、スピリチュアル面での停滞などの一因となっていたネガティブな条件付けから自由になります。重荷から解き放たれるのです。

総合的なテーマを僕がひとつ挙げるとしたら、あらゆる瞬間において人生に感謝し、たとえより困難な道だったとしても、本当の自分に忠実なやり方で課題に向き合うということです。過去が後悔を呼び起こし、未来が不安を掻きたてようと、今この瞬間に生きることが大切です。結局のところ、今この瞬間しかないのですから。

もっと今に在ろうとすることができれば、本当の自分、本当に感じていることに、より忠実になれるでしょう。確実に真の自分でいることができれば、そして――過去の傷や将来の不安から決断を下すのではなく――自分自身と自分の感情に素直でいることができれば、人は自由です。

死のプロセスや、愛する誰かの死を経験することに対して準備できることは何もありませんが、愛する相手に感謝して自分の思いを伝えることはできます。重要なのは、自分が大切だと思う相手に、その人が存在するおかげで自分の人生がどれだけ違ったものになったかを伝えることです――今すぐに。結局のところ、どれだけ今この瞬間に在ったとしても、人が変化し進化していくのと同様に、今この瞬間の状況も変わりゆくのが必至だからです。

僕は、自分のようなミディアムの力を借りなくとも自分の人生を生きることができるように、人々を励ましたいと思っています。親切心や思いやりを持ち、愛を伝えあって毎日を生きていれば、思い残すことなどなくなります。後悔も、伝えたかったのに伝えなかった言葉もなくなります。気持ちの整理をつけるべきものも、許しや謝罪の必要もなくなるのです。

よく生きられた人生は、死によって損なわれることがありません。

謝辞

本書の執筆は、とても謙虚な気持ちにさせてくれる作業となりました。本を完成させることができたのは、僕が幸運にも出会えた人たちの物語、そして導きとサポートがあったおかげです。

まず最初に、エージェントのブランディ・ボウルズと編集者のジェレミー・ルビー＝ストラウスに感謝を伝えたいと思います。二人は制作過程において献身、忍耐、そして素晴らしく有用な助言を示してくれました。本書で自分の物語を伝えるにあたり、僕には人々と分かちあいたい根本的なポイントがいくつかありました。二人のサポートと知的好奇心のおかげで、僕はそれを思いもよらぬ方法で発展させ、深く掘り下げることができました。二人の共同支援および個別の支援に永遠に感謝します。また、サイモン＆シュスター社ギャラリーブックスのキャロリン・レイディ、ルイーズ・バーク、ジェニファー・バーグストロム、ニーナ・コーデス、クリステン・ドワイヤー、リズ・サルティスにも感謝します。

今日の僕が歩む道に連れてきてくれたマネージャーのロン・スコット、マイケル・コーベット、ラリー・スターンにも感謝しています。ロンは小さな街出身の若いミディアムを地元の大勢の役者のなかから見つけ、チャンスを与えてくれました。ロンがいなければ、この成功はありませんでした。ロンの無私無欲な思いやり、ユーモアのセンス、たゆまぬ強い意志に鼓舞され、僕は他者の人生を好転させる道を休まず進んでこられました。その過程で、ロンは僕の人生を好転させてくれたのです。マイケルとラリーは僕を守り、僕の健康をいつも一番に考えてくれます。そのことに感謝は尽きません。二人のサポート、ハードワーク、寛大さが僕の人生を信じられないほど軌道に乗せてくれました。三人が示してくれた優しさに対して、言葉では感謝を伝えきれません。自分が受け取ってきた思いやりを、人生と仕事を通じて僕も広げていきたいと思っています。

もちろん、両親にも感謝しています。二人の承諾と励ましがなければ、あのような若さで自分の情熱に従って生きることなどできなかったでしょう。二人の勇気、強さ、理解、無償の愛を受ける僕は世界一幸福な息子です。母の復活力、誠実さ、尽きることのない無私の心に元気づけられて、毎日を生きてこられました。どのような逆境にあってもそれを乗り越えていけることを、母は証明してくれます。父の根性、楽観性、底知れない強さは、僕が持ちたいと憧れる性質です。父は自分が教わってきた教義よりも、息子への愛を優先してくれました。心を開き、愛を第一にすればいつでも進歩できるということを示してくれたのです。二人のことが大好きです！

ミディアムと付き合うには特別な優しさが必要かと思います。僕の人生にさまざまな形で付き合ってくれるすべての人に感謝しています。いつもベストを尽くすよう、刺激と励ましとインスピレーションを与えてくれるデリック。立て続けに新しい経験が起こるなか、地に足のついた存在が近くにいてくれることは人生の恵みです。そして、旅路の始めから僕に付き添い、僕の能力だけではなく、ありのままの僕に愛情を示してくれるマット。彼らをはじめ、身近な人たちから得たサポートに見合うお返しをしたいと僕は願っています。そうした助けを、最も必要としている人たちに差し伸べるつもりです。

僕は世界中のどこにいても、スタート地点となった場所、ハンフォードのことを忘れません。初期の頃にハンフォードで出会ったクライアントたちの、オープンさと誠実さは僕に大きな影響を与えてくれました。彼らは僕を家に招き、僕自身がまだ理解できていない能力を使って人生を一変させるような結果を出す、実践の場を提供してくれたのです。また、マークと彼の奥さんが店でリーディングをさせてくれたおかげで、僕は自分の能力を活用して磨くための土台を築くことができました。レッスンを学ぶ度に、僕の旅路をスタートさせてくれた素晴らしい人たちへの温かい思いが湧いてきます。

僕は与えてもらったサポートと同じくらい、逆境にも直面しましたが、それが今日の僕を形成するのに役立ってくれました。僕は学校で経験した困難を、今日の、メンタルの強い自分を育ててくれた経験と捉えています。人は往々にして、自分の理解していないことを恐れます。僕がしていたこと、そして僕自身に対して、当時たくさんの誤解を受けました。でもそれがあったからこそ、僕は自分を理解しよう、他人の意見など構わず自尊心を高めよう、物事を個人的に受けとめないようにしようとつとめることができました。それがきわめて重要なレッスンとなり、今ではどんな意見を投げつけられても対処し、切り抜けることができます。知は、行動を改善させます。

この本が読者に届くのは、番組のおかげでもあります。僕を信じ、あのような大規模な形で僕の人生を伝えることを可能にしてくれた、番組スタッフや関係者にも感謝を伝えたいと思います。僕の可能性を発見し、僕を*“44 Blue”*の一員に迎えてくれたステファニーとラーシャ——この業界で指折りの二人と仕事ができるのは光栄なことです！　それから、サラとジェイデンとアネリ。三人との仕事は、この本の内容にたくさんのインスピレーションを与えてくれました。そのことに深く感謝しています。そしてもちろん、チーム*“E!”*の先見の明がなければ、番組は今のようなポジションを得ることはなかったでしょう。ジェフ・オルド、ダムラ・ドーガン、ジュリー・セイント・オービン、アダム・ストツキーの、尽きることのないサポートにも感謝しています。皆さんの質問、議論、アイデアがあったからこそ、僕は自分の人生とその物語について、かつてないほど深く探究することができました。

　ジョン・エドワードとジェームズ・ヴァン・プラグに深い感謝を捧げます。二人は僕の世代、そして次世代のミディアムたちに道を切り開いてくれました。二人はミディアムシップ界の真の先駆者です。彼らは多くの人々の心を開き、人生を変えることによって、このテーマが大衆に受け入れられるように革命を起こしたのです。

　僕の人生において最も大きな変容を起こしてくれた存在の何人かは、もうこの世にいません。彼らはこの本を読むことができませんが、この本を生みだす原動力となってくれました。祖母は僕が小さい頃から、愛されるとはどういうことかを教えてくれました。僕はそのギフトを生涯大切にします。ティムは、この世での人生がどれだけ儚いものかを教えてくれました。そのことは、人生がいかに貴重かをいつも思いださせてくれます。ティムのおかげで、どんなにつらい日々でも感謝に値するのだということを知りました――だから僕は、日々に感謝をしています。ティムは、人生をまっとうするために九十歳まで生きる必要などないことを示してくれました。人生は、自分に与えられた時間のなかで作るものです。僕はまた会う日までティムのことを胸に、日々、ベストを尽くします。

全員の名前は知らないけれど、僕のガイドたちは、僕がここまでたどり着くのに大きく貢献してくれました。僕は彼らの道理をよくわかっていないかもしれませんが、わかる必要もないのでしょう――彼らのサポートとそれがもたらした結果だけでも充分です。この宇宙のすべての魂のなかから、僕を選んでくれたことに感謝します。ミディアムとして生きる人生にどんな課題が現れたとしても、僕にはこの道を歩むしかありません。自分がなぜ選ばれてこの能力を授かったのか、その理由を知ることは決してないかもしれませんが、故人と再び繋がるというギフトを人々と分かちあうためにこの能力を使い続けるつもりです。この能力は、僕だけのものではありません。なぜならこの能力が、愛が人々を結ぶ共通項であること、万人が永遠に結びついていることに気づかせてくれるものだからです。僕がこの本を書くことで、皆がそこから何かを学び、人類を包含するワンネスとより深く繋がった感覚を得られたらいいなと思います。僕は、教えと導きを授けてくれた人たち全員に感謝するとともに、十倍のお返しをしたいと思っています。

番組を見てくれた皆さん、この本を読んでくれた皆さん。僕がこの旅路を皆さんと共有し、皆さんの旅路に参加できてどれだけ光栄に思っているか、どんなに言葉を尽くしても伝えきれません。これからも共に旅を続け、人生で最も重要な疑問に対する答えを探していけたらと願っています――ひとつずつリーディングを重ねながら。

訳者あとがき

人は死んだらどうなるのか。この世を去った愛する人は今も苦しんでいるのだろうか、寂しがっていないだろうか。あの人とはもう二度と会えないのだろうか……。

大切な人を失ったことがある方なら誰でも、こうした疑問を一度ならず抱いたことがあるのではないでしょうか。最後に会った時は元気いっぱいだった人を突然失った、今生の別れとなることを知らず、最後に会った時に言い争いをしてしまった……そのような経験をした方はとりわけ、その別れに対して気持ちの整理がつかないこともあるでしょう。そうした死にまつわる疑問や心残りに対して、本書の著者は「死ぬことイコール別れを告げるべきことではない」と述べています。あの世にいる死者は、この世に残された私たちを見守り導こうとしているのだから、と。

そう断言する著者のタイラー・ヘンリーは、米国で大人気のリアリティショー『ハリウッド・ミディアム』『タイラー・ヘンリーの死後の世界』を冠番組に持つ、指折りのミディアムです。幼少期に祖母の死を予知したことがきっかけで、タイラーは自分の霊能力に気づき、死者のスピリットからだけではなく生者からもエネルギー的な情報を受け取って解釈する能力を磨いていきました。そしてその過程で、肉体の死は永遠の別れではないことを学んでいきます。本書では、どのようにその能力を磨いたのか、どのように情報を解釈するのか、どのような気づきを得てきたのかが詳しく語られていますが、その洞察力には、「マコーレー・カルキン似の好青年」といった外見から受ける印象とはかけ離れた凄みがあり、かなりの経験と学びを重ねてきた人物であることがうかがえます。

とはいえ、小難しい講釈や耳の痛い説教を垂れるのかというとそうではなく、番組の視聴者ならご存知だとは思いますが、タイラーはとにかく優しく繊細です。弱冠二十歳にして冠番組を持つほどの腕前でありながら、クライアントが泣き崩れていても、心を閉ざしていても、懐疑的な態度を向けてきても、虚心坦懐にリーディングを進め、死者からのメッセージを慎重に言葉を選んで伝えていきます。そこには自己顕示欲や承認欲求などいっさい見受けられず、「リーディングを通じてクライアントの心を少しでも軽くしてあげたい」という思いがあふれていて、肉体年齢を遥かに上回る精神性の高さが感じられます。たとえ「霊能力など信じない」という言葉や態度を向けられても、笑顔を絶やさず思いやりを示すその謙虚な姿勢は、番組を人気番組にした一つの要因なのかもしれません。

その人気番組について紹介させていただくと、本書でもリーディングが実例として数多く挙げられている『ハリウッド・ミディアム』は、有名人であるクライアントが誰かを知らされずに、タイラーがその有名人の自宅やスタジオに連れていかれ、その場でリーディングを行うリアリティショーです。タイラーは有名人に疎く、クライアントに会ってもそれが誰なのかほとんどわからないと認めていて、実際に、相当な知名度を誇るクライアントに名前や仕事を明かされてもキョトンとしていることが多々あり、（クライアントが）ちょっと気の毒になるほどです。

同番組で訳者が個人的に気に入っているのはラッパーのリル・ジョンをリーディングしたエピソードで、タイラーがリル・ジョンの経歴や人気にまったく気づいていない一方、付添で現場にいたタイラーの母はクライアントが誰かを知って狂喜し、「今日は水曜日なのにありえないわ！」と口走ってリル・ジョンを当惑させていました

(彼女によると「水曜日みたいな平日にこんな凄い人に会えるなんて信じられない！特別な曜日ならともかく」という理屈のようです)。そんな二人の対照的な反応から、本当にクライアントが誰かを知らされていないことが推察されます。ご関心のある方はYouTubeの公式チャンネル“*E! Entertainment*”で同エピソードもアップされていますので、どうぞご覧ください。

もう一つの『タイラー・ヘンリーの死後の世界』は一般人のクライアントをリーディングする番組で、本書が執筆された時点では制作されていませんでしたが、二〇二三年二月現在、日本ではネットフリックスで視聴可能です。こちらは大切な人を亡くしたばかりのクライアントや、悲劇的な事故や災害で家族を失ったクライアントが多く、リーディングではその生々しい感情が手に取るように伝わってきますが、だからこそ、死者がクライアントのそばで見守っていることが確証されると、その場で感情の浄化が起こっていることがわかります。

クライアントが有名でも無名でも、タイラーは態度を変えずに一貫して同じメッセージを伝えています。「あなたの愛する故人は、あなたを見守っています。そこには愛しかないですよ」と。番組では故人のスピリットの存在を確証し、そのメッセージを伝えることを主旨としているので、故人があの世で経験するプロセスについてはあまりフォーカスされませんが、本書ではあの世に移行した死者がエゴを手放し、自分の生前の言動が周囲に与えた影響を俯瞰した視点で理解し、大局観を得るプロセスも詳細に語られています。

大切な人を失った方、死者があの世でどうしているかを知りたい方、あるいは霊能力があるけれども、その解釈方法がわからない方……さまざまな立場の方が本書を手に取られるかと思いますが、どのような方でも本書のなかに共感できるメッセージを見つけられることを願っています。

最後に、本書をご紹介くださったナチュラルスピリット社の今井社長、編集にご尽力くださった光田さま、本の制作に携わってくださったスタッフの方々に感謝申し上げます。そして最後までお読みくださった読者の皆さま、ありがとうございました。

二〇二三年二月

采尾　英理

◆ 著者紹介

タイラー・ヘンリー　Tyler Henry

霊視能力者。リアリティショーパーソナリティ。

1996年、米カリフォルニア州ハンフォード生まれ。

10歳の時に祖母の死を突然、正確に予知するとともに、亡くなった人と交信できる能力を発見して以来、人生が一変する。授かった特殊な能力を探究し磨きながら、地元の小さな街でリーディングを開始すると、その才能の噂はロサンゼルスにまで広がるようになる。

10代後半にハリウッドに拠点を移すと瞬く間にセレブの間で評判になり、2016年にはエンターテイメントテレビ局 *"E! Entertainment"* のオファーで、セレブを一対一でリーディングするリアリティ番組『ハリウッド・ミディアム』がスタート。同番組で一躍有名になり、2022年には、一般の様々な依頼人たちにあの世からのメッセージを伝え、自らの家族の謎にも迫るリアリティシリーズ『タイラー・ヘンリーの死後の世界』がNetflixにて放映開始される。他の著書に *"Here & Hereafter: How Wisdom from the Departed Can Transform Your Life Now"* がある。

ホームページ：　https://www.thetylerhenrymedium.com

◆ 訳者紹介

采尾 英理　Eri Uneo

同志社大学文学部卒。翻訳作品に『クリエイティング・マネー』、『イエスの解放』(DVD)、『マインドとの同一化から目覚め、プレゼンスに生きる』(DVDブック)、『今だからわかること』、『無限との衝突』、『マインドフルネスを超えて』などがある（すべてナチュラルスピリット刊)。

ふたつの世界の間で

あの世からのレッスン

●

2023年6月25日　初版発行

著者／タイラー・ヘンリー
訳者／采尾英理

装幀／松岡史恵（ニジソラ）
編集・DTP／光田和子

発行者／今井博揮
発行所／株式会社 ナチュラルスピリット
〒101-0051 東京都千代田区神田神保町3-2 高橋ビル2階
TEL 03-6450-5938　FAX 03-6450-5978
info@naturalspirit.co.jp
https://www.naturalspirit.co.jp/

印刷所／中央精版印刷株式会社

ISBN978-4-86451-442-2 C0011